Editora do Carmo

Kheni

Prisão Perpétua

Kheni
20/06/2016

www.editoradocarmo.com
junho de 2016

© *Copyright by Prisão Perpétua 2016*

Arte da capa Evan do Carmo

Revisão Iranete Pontes

Prisão Perpétua

Autor: Kheni Macovela 2016

Pag:258 *Literatura, Roamnce Brasil 1.

ISBN-13:978-1534811072

ISBN-10:1534811079

Sumário

Capítulo I – O SONHO

Passa das 8 horas deste dia de verão e se fazem sentir por todo lado chuvas persistentes estragando o dia de milhares de sonhadores que levam palavras nas suas cabeças, carregados de visões de um futuro não conhecido mas pesados por um presente que ninguém sabe de onde vem, um presente que fora futuro, também como este de que se espera por toda parte. Um futuro não manchado mas já escrito em tinta indelével para os que já presumem os acontecimentos que a vida os reserva.

Faço parte desta camada que nasce em terras desconhecidas, mas sempre o sono vem, mesmo de olhos abertos, traz sonhos impossíveis de falhar. Muitos miúdos como eu crescem no leito deste mar carregado de infortúnios e desalentos. Aqui nestes solos de Magolave germinam carreiros que se perdem na longevidade da estrada onde todos nós queremos pisar e sentir o prazer de um futuro desconhecido. Um pensamento que se resume em certos conhecimentos que a vida já me deu. Vale a pena sonhar e pensar na realidade, mesmo que não seja o que pensámos a algumas horas, alguns dias, alguns anos ou ao nascer. Quando o dia se escapa das trevas da noite vem carregado de pensamentos e novas acções.

São sonhos que nunca faltam para cada dia que nasce carregado de sol a raiar interminavelmente para os viventes sempre aptos a observar o trilhar e/ou o trofafar, que já não existe nos carris que levam gente desconhecida da cidade para Inharrime e vice-versa. Em todos pontos vêm-se homens preparados a vencer as batalhas porém, o dia vai correndo tanto como os outros, menos o facto de estar sobre chuva miúda que sem conhecer os pequenos e grandes planos destes citadinos, vai se intrometendo na desprogramação de várias pessoas, a partir de governantes, estudantes e trabalhadores no geral até aos pequenos meninos que só pensam em se lançar nas suas brincadeiras diárias e até à Helena-maluca que com o psíquico já diferente com o dos demais, vai pensando em deambular a cidade tentando recolher o que os bem-aventurados deitam na lixeira, talvez por fartura... e eu aqui não fujo da regra. O mundo me iguala a tudo o que decorre nesta pequena mas muito grande cidade na história da língua Portuguesa, dentro dos limites da grande pérola do Índico – tal como sempre diz (disse) o grande *Guebas* nas suas aparições discursivas às belas e maiores realizações dos cidadãos deste belo país chamado Moçambique.

Foi aqui onde a civilização descobriu o país pela mira dos antigos portugueses: exploradores de terras, descobertas, mão-de-obra barata, minérios, marfim, enfim, tudo que encontravam nas rotas por onde passavam, criando carreiros obscuros para a riqueza daquele que se considera o *velho continente*; será que é mesmo? Se sim, porquê *África é berço da humanidade?* Será que África e Europa são gémeos e, pelo ditado tradicional que minha mãe me disse "*...dentre gémeos, o que nasce primeiro é o mais novo, apesar de nascer no mesmo dia...!*", será que nasceu primeiro a humanidade em África e em seguida

Europa, tomando assim a dianteira na existência Humana no planeta Terra? É uma questão que merece mais estudos...

Aconteceu assim, por volta dos anos 1498 Vasco da Gama, guiado pelo instinto de cobiça de varrer o mundo e doutrinar a Antropologia Europeia e o catolicismo que tanto os europeus veneravam e dele se serviam para dominar os *povos sem história*, deu-se caído em terras distantes e em nada conhecidas, ainda mais que na época, tantas bússolas usadas eram muito menos que simples instrumentos que indicavam apenas o Norte e o Sul. Ele atracou aqui na sua grande embarcação guiada a dupla função – a vapor e a vela – ascendendo aos sonhos e realidade dos povos nativos e criando-os embaraço uma vez que simplesmente conheciam e usavam os *dzingalava* para suas actividades piscatórias diárias, não atingindo grandes mares que apenas conheciam-nos como *linene* e não esse nome que da Gama trouxe, chamando-o de Oceano. Os nativos sempre ansiaram chegar até lá do grande mar mas os *dzingalava* não tinham motor e levavam apenas uma *litanga* que não suportaria tantas ventadas que o alto mar manda. Da Gama trouxe uma nova ideia da definição e realidade de uma viagem longa de barco. Fazia um dia de chuva miúda mas que no alto mar fustigava a toda força. A tripulação viu-se obrigada a se abrigar e ainda mais, aproveitar o cumprimento da sua missão em mais uma terra por onde estava passando. E esta gente boa que é desde sempre, ao ver homem bem alto, forte, com cabelos que ultrapassavam a nuca mais para baixo, cor da pele igual a manhã cheia de neve e com olhos diferentes com os negros e/ou castanhos dos nativos desta terra virgem e com praias nunca usadas para turismo, grande foi o espanto.

– *Muthu muni oyu nya lidowo nyagu age?* (Que pessoa é esta com pele branca?).

– *Bom dia?* – lança a saudação misturando espanto, regozijo, receio, desdém e desprezo que se instala em seus olhos pedintes de mais exploração e conhecimento desta terra recém-achada. Entre a tripulação e os donos da terra maior é a diferença racial, social e económica considerando os padrões que cada grupo faz ao outro pois, os nativos têm seus modos ímpares de preservar a natureza e isso dá-lhes a maior alegria e felicidade, o que para estes brancos nada mais que explorar a terra e fauna para alcançar tudo o que necessitam para enriquecer mais e não só, também para pagar a renda ou imposto ao Rei da terra Lusitana pela permissão Real em fazer expedições de conhecimento e conquista de novas terras mais distantes.

A saudação em língua portuguesa cria mais um ponto de intriga dentro das consciências empanturradas de tanto espanto pela novidade color de pele da visita mas – *Khuye ginani? Éhhh...! A gu regera gitsungo. Tsungo oyu...* (O que ele diz? Ah...! Ele fala português. É um branco mesmo) – questionam-se sem apanhar respostas mesmo a frente dos estranhos e questionados hóspedes.

– *Como se chama esta Terra? Onde é aqui?* – pergunta o *tsungo*.

Aos hospedeiros, não entendendo as perguntas do hóspede, resta-lhes apenas mostrar sua vontade e hospitalidade com qualquer estranho que não mostre sinais de violência e este *tsungo*, espantado que está com a cor dos animais semelhantes a sí com que se depara pela primeira vez e sem entender também a língua que falam, fica todo mundo sem comunicação sendo apenas o hóspede com seus acompanhantes e os hospedeiros também entre eles. Na verdade parece um mundo com duas alas que por e de nada se conhecem nem se vêm, cada uma com seu universo nunca ligado a ninguém e nunca violado por estranhos.

– *Bela khu nyumbani tsungo!* (Entra aqui dentro de casa senhor branco).

– Inhambane?

– *Ina, nyumbani. Bela tsungoo...!* (sim, aqui dentro. Entra senhor).

– *Então, esta terra chama-se Inhambane.* – conclui enganosamente o branco que finge entender as palavras que os hospedeiros emitem porém, numa íntegra consciência errada de que os negros possam ouvir e falar erradamente a língua dos brancos.

* * *

Será assim mesmo? Há tantas outras explicações para esta designação. Vovo que tanto reconhece as ondas do *nhandzadzi* – aí onde convergem os canais: o principal da baía (lá donde vem o mar), o canal percorrido pela ponte cais de Inhambane e o da outra margem (Maxixe) me conta que da mesma viagem restam explicações diferentes da qual nesse dia, nada de mau tempo nem chuva fazia, apenas uma recepção que merecia uma prostração aos antepassados da terra do Céu. Aquando da atracagem do tal Da Gama, fora recebido pelos nativos e, tal como outros visitantes eram saudados:

– *Gu gide!* (bom dia).

De olhos convergentes no espaço vazio, os brancos olharam-se com tanta indignação que nada sabiam dizer.

– *Ya... O quê?*

Na maior inocência do meu povo, perceberam e entenderam que fosse uma resposta ao seu bem-vindo e, em palavras dóceis: *Ina ambani* (como estão?).

– *Inhambane...!*

Ah! Que pena desses brancos, conheceram uma terra que não conheceram, com nome que nunca existiu e que passou a ser a designação mais conhecida nesta terra...

* * *

Por conseguinte, os seus aliados acompanhantes registam este nome dito por não dito e ouvido por ouvidos que não ouviram a verdade sobre o povo que habita esta parcela distante das terras Lusas. Assim torna-se esta parcela marcada no livro da grande viagem de exploração a África como Inhambane e, pela hospitalidade oferecida pelos donos de casa, é ainda baptizada *"Terra de Boa Gente"*. Uma terra destas merece muita consideração por parte de Deus Todo-poderoso e Omnipotente, que dera a estes primitivos, homens sem História e esquecidos na arena de exploração dos recursos naturais reservando-os apenas para o consumo imediato, *"merecem de facto muita bênção e a mim, o seu explorador, muitos poderes para explorá-los mais e mais domá-los como seu rebanho?"*

Assim fica o nome. O dia vai correndo e sobre todas arredas dos residentes vê-se gente de todas idades, carreiras sociais, passos económicos, capacidades intelectuais, inspirações teológicas e panos vestiais: *Gente Boa da Terra* – o inverso de Terra da Boa Gente. Sim, esta é terra de boa gente porque, apesar de todas batalhas travadas, a língua portuguesa ficou aquí amplamente implantada. Alguém tem dúvida disso? – Vai a cidade de *Mpfumo* e dê um passeio pelos populosos bairros de *Xinhambanine, Mafalala, Inhagoia, Maxaquene e Khongolote;* aquí os donos desta pátria que é de todos nós – os *marrongas* – não se fazem sentir na expressão uma vez que todo lado só se ouve o *gitonga* ou língua portuguesa que, tal como disse, ficou implantada como um jardim que brota debaixo ou ao largo de uma mansão localizada em zona luxuosa que é a capital do meu país.

Moçambique é de todos nós mas as realidades que cada um alimenta na sua consciência lutam contra as grandes ideologias que *Chitlango Khambane* propusera como armas para combater. Me recordo sim das decisões que, apesar de lidas em livros de História do Antigo Currículo, mostram a vontade de combate ao tribalismo, regionalismo, segregação racial e tantos outros meios de separação de povos do mesmo espaço político. *Manhambane* é o nome que Homens daquela terra hospedeira de Da Gama recebem quando se fazem sentir nas suas delongas linguísticas por entre os chapa-100, mercados, escritórios e qualquer sítio onde eles estiverem. Falam fluentemente e com tanta abertura a sua língua mãe, com certos receios ficando na minoria deles; recordo-me apenas que por aqui, muitos são os jovens que se vão perdendo da receita linguística dos pais quando por azar nascem e, como hábito, o *xangana* paira em todos carreiros sem deixar de lado o *ronga* que se alastra de boca em boca, criando miscelâneas que por fim ninguém entende que idioma se fala, talvez arranjar uma nova designação para o *gitoxangaronga (gitonga+changana+ronga).*

Todo mundo corre por trás do prejuízo. Quando os ponteiros dos relógios jamostram que passa do meio-dia, todos tentam recuperar infortunamente o dia. E para a infelcidade de todos, este vai mesmo ao seu fim. Termona o dia e também termina tanta imaginação acerca do passado, pesente e perspectivas, coloca-se nas gavetas da memória o alto pensamento da minha realidade presente. Com esses pensamentos vai o dia terminando quando o sol desaparece lá por trás daqueles coqueiros misturados com outras plantas ou coisas que vejo no horizonte do outro lado da baía. Tanto eu quanto outros, me sinto com o poder de despedir meus amigos e me dirigir a casa para o repouso merecido. Esqueço que fora a escola, conversei com pessoas e pedi tantas vezes a presença de Deus próximo de mim. Enfim, quando a noite chega, uma só actividade tenho a desempenhar: lançar-me à cama.

Nas viagens tidas de dia e outras nunca tidas, paisagens conhecidas e desconhecidas, vou descobrindo verdades alegres e tristes, grandes e pequenas, enfim, o sono me toma e comanda a ver e perceber coisas que não existem, coisas que so os olhos da noite percebem mas não sabem explicar, não têm o sim em não do que são, e aí vêm muitos pesadelos...

Capítulo II – **PRIMEIRO HORIZONTE**

Saí donde não sei mas agora estou na Escola Secundária do *Giporro Gya Litigo* como *professorzinho* que acaba de ser contratado para leccionar a disciplina que mais medo causa nas cabeças do mundo e em particular às *damas* que sem jeito, são obrigadas a levantar o lápis, régua, esquadro e demais materiais para os vários traçados que, para além de uma educação estética e visual, treina alguns para enfrentar seus sonhos de engenharia e docência – eu aqui estou fazendo o que alguém fez por mim nalgum dia. Não só trabalho para o ensino mas também faço serviços a outros departamentos prestando contas à *first lady* da escola. Esta linda escola situada por estas bandas da cidade capital está escondida no ponto médio de água numa paragem que chama por todos passageiros que navegam a bela pátria amada de Moçambique. Esta escola situa-se no centro desta cidade pequena que reserva nas suas velhas ruas, antigas muralhas dos Hotel Baninha, Safmar, lojas de comerciantes árabes, casa oficial do "administrador" – já ocupada pela empresa das telecomunicações, terminal de recolha, comercialização e deportação de escravos, etc.; fica aqui também o antigo Cine-Teatro Gimuyo, nome dado a esta grande sala multifuncional em memória da famosa e frondosa árvore africana que ocupava a fachada frontal deste pátio e que não só ela, mais outras se desenvolvem nesta província.

Por estas manhãs é frequente receber expediente a procura da minha directora mas esta sempre chega por aí nove ou mesmo dez horas. Ela não é preguiçosa como possa se pensar, apenas porque tem homens de confiança para dirigir os destinos mínimos da instituição, sem deixar a parte o conforto que os alunos sentem na presença de Mángua, Peter, velho Mabote e claro, eu.

Velho Mabote é o responsável pela limpeza, jardinagem, movimentação de expediente de pequeno porte e sendo homem, é merecedor pelo tratamento de todos problemas relativos a pequenas obras que não requisitem mestre pedreiro nem construtor de *madera-zinco* (cópia de madeira e zinco – casas feitas de material misto sendo caniço nas paredes e chapas de zinco na cobertura). O velho Mabote é quem se ocupa em limpar as duas faixas de rodagem que circundam o pavilhão grande onde a dias passados muito recentemente funcionou a delegação provincial da Nyamapaci e o centro de saúde da cidade; ele limpa a areia com a sua carinhosa vassoura feita de ramagens secas recolhidas por várias parcelas da cidade por onde anda, cantarolando seus momentos de juventude, assobiando com vontade e carinho de seus dentes já mordidos pela idade e *mulala*, varre o espaço todo, menos os escritórios e as salas que estão na responsabilidade de Mángua. Velho Mabote se encarrega igualmente em capar as verdes plantas que arejam o espaço da escola e dão-nos estas separadas e escassas sombras: aos nossos alunos, bem como a nós quando os gabinetes de direcção geral, pedagógica e financeira aquecem e se apresentam para nos assar como pães para venda nos mercados da Wuguhoni e do Aeroporto. Mas, graças a Mabote, nem os serpentinos animais nos acham porque os espaços condicionados para seu repouso estão praticamente limpos que não os facilitam alojamento sem algum olho nu vê-los e logo aniquilá-los.

O portão de entrada à escola é constituído por duas portinhas que no sistema arcaico de colocação, cada uma delas gira para um lado a que está presa por aquelas dobradiças que só os GGL poderiam ter adquirido nesses tempos remotos aquando da instalação da linha férrea que partia daquela grande cidade para as grandes farmas de *m'pawa ni rale*. Esta linha já não existe, não sei porquê uma vez que durante a guerra dos 16 anos fazia *braço de ferro* com os grandes BA's naquelas zonas de *Guiguema, N'ruduine, Nhaconge, Ravina,* trazendo mantimentos e lenha seca de *n'tamba* para alimentar as lareiras entristecidas pela guerra – as poucas que viviam eram avivadas pelo GGL e pelo grande Barroso que mesmo em plena estrada, com tantas baixas que sofriam os seus camiões, ele sempre se dispunha a arriscar sua vida, dos motoristas e ajudantes para carregar lenha miúda de Menhari para esta cidade. Sim, me recordo quando com mamãe arriscamos uma dessas viagens e, por grande misericórdia de Deus, o carro que nos transportava ficou retido no arame de protecção da antiga estação emissora provincial da RM, tendo mais tarde se desprendido e, por lógico, alguns carros que nos tinham passado sem vontade de ajuda, estavam já a transformar-se em cinzas que ninguém podia proibir porque até falar de bombeiro era um mito apesar da existência do aeroporto local ou mesmo aeródromo desta cidade porém, seria complicado e arriscado o seu deslocamento porque a segurança só vivia com os atacantes, não só, numa altura daquelas, apenas os aviões é que podiam carregar maior parte de gente e produtos de um ponto distante para o outro e, imagine que na altura de socorro a um carro, um avião viria a aterrar, a segurança é de facto relevante para a aeronave do que para uma viatura de apenas 10 a 20 toneladas, que até para os carros do Instituto de Gestão de Calamidades em coordenação com a Cruz Vermelha e Programa Alimentar Mundial – as três organizações que garantiam o mínimo sustento alimentar aos moçambicanos nessa altura, eram atacados sem piedade pelos rebeldes, se aproveitando mais tarde de todos produtos neles trazidos e em seguida colocados à prova do fogo e, por serem grandes combustíveis, o oxigénio reagia tranquilamente nas matas de *Guidzaranine, Matamba, Gauía* e outras.

É esta linha férrea que criou o mercado Wuguhoni, por entre estaleiros de venda de lenha e uma pequena estação – ainda que sem plataforma – aí se alojavam seus vendedores procurando de todas maneiras arranjar dinheiro para suas necessidades vitais; aos poucos foram aparecendo os vendedores do peixe apanhado na baía pelo *giniya* mal ou bem preparado para esta acção. É assim, muitos se curvavam de noite apelando para que o Deus das chuvas e tempestades não baixasse o seu furor contra aquele mar cheio de mariscos mas que na época, com a confusão já implantada pelo regime anti-pacífico criado pelos tais BA's, esta água virara a única via de locomoção para os que pretendiam sair de Cambene para a cidade mas igualmente virara um martírio sempre que o Omnipotente fizesse suas labaredas de tempestades caírem sobre o mundo. Assim que os pescadores também sabiam de todos perigos a que incorriam ao se meter em marcha murcha, serena, melancólica, medonha, decidida e ao mesmo tempo com uma morte anunciada pelo medo que na verdade existia nas cabeças cheias de confusão e necessidade de não ver morrer de fome os filhos, irmãos, sobrinhos, enfim parentes e famílias inteiras, corriam ao mar com todas orações feitas aos deuses da terra e água para uma protecção efectiva.

E o que é Mángua, de verdade? Ahh... um homem forte e majestoso, bom ex-jogador profissional no clube *Ndjandji* local. Como é que ele pára aqui? Aquando da revitalização da empresa, este homem foi abrangido pela limpeza obrigatória e caíra para o olho da rua mas, crente e tão pedinte que é a Deus, a senhora directora da escola e esposa do senhor director da empresa vira seu sofrimento aparente pois, após a liquidação do fundo da indemnização, a esposa e filhos estariam lançados para o abismo total sem palavras nem para o bom dia na boca pois estariam desprovidos de qualquer que fosse a posse socioeconómica para a sobrevivência, daí que esta *kind lady* convidara Mángua a trabalhar neste estabelecimento para melhor conservar a dignidade que punha nos olhos e pensamento dos demais que ele cruzava. Mas não havia emprego digníssimo para ele; o que fazer numa escola se ele nem tem o nível primário completo? Tanto pesar ficou com a directora por muitos dias até que finalmente pensou:

– *Porque não deixar este camarada no caixa de propinas mensais da escola? Ele pode pelo menos fazer as contas básicas referentes a trocos e passar os devidos recibos, ainda mais, pode ser bom estafeta para qualquer situação que possamos ter para tramitar daquí da escola.*

Assim ficou decidido e já a dias a escola secundária passara a trabalhar com ele, limpando o interior das salas, os gabinetes, passando recibos e apresentando contas e aquando da abertura da cantina, ele virara igualmente cantineiro da escola. Aquí vende-se tudo, tudo para que um aluno não se sinta desmotivado para as aulas, isto é, a

Companhia Industrial da Mutila faz aqui o seu canto de revenda de quase todos produtos.

Eu me viro de um lado para o outro, sou professor, coordenador pedagógico, assessor para cerimónias especiais tanto dentro e fora da escola, coordenador do centro de aprendizagem e divulgação de saúde, cultura e desporto. Ando sem parar, por vezes devo estar no sector administrativo produzindo a folha de salário para mim e colegas; fico na secretaria a atender situações de inscrições e elo de ligação entre a escola e a Direcção Provincial.

Mas na verdade qual é o meu papel neste estabelecimento? Não sei mas sei que entrei como professor de Educação Visual e Tecnológica a substituir o actual capitão do clube que por esperteza e detenção de alguns conhecimentos mostrou-se capaz de leccionar esta disciplina na época de crise que não havia qualificação necessária para a tarefa. Substituí a ele modestamente pois não lhe tirei o pão, ele deu-mo sem sequelas nem brigas.

– *Obrigado meu irmão, Deus te veja aonde tú estás agora, não sei como te encontrar para te endereçar o meu louvor pois mudaste muito a minha vida e espero que a tua mão ficou negativamente afectada. Sei que tanto meteste teus pés nos relvados desta terra de boa gente mas até hoje não sei aliás, nunca procurei saber que resposta esta terra te deu na longa batalha de criação de glórias ao chitimela que já sem vapor, continua parado naquele ringue a que merece louvores de meus irmãos que tanto ajudou na busca de sua nobreza e, apesar de afecatado pelos BA's, sempre esteve ao alcance de todos para que hoje fossem o que são. Você esteve ajudando meus conterrâneos – par além de mim – na busca de taças e victórias nos meandros do nosso pobre futebol; pobre mesmo porque já a bom tempo essa parte deste vasto nosso Moçambique não se ouve falar de algum clube dos Ndjandji, Wane Pone que tanto sofreu nessa caminhada – Deus guarde essas almas – e tú lutaste mas não sei como a terra te respondeu ao apelo de seres um campeão. Será que ainda estás por aí?*

Tomara te encontre um dia.

Capítulo III – A CORRESPODÊNCIA

Este é o início de uma longa carreira que a qualquer dia será desolada por uma tristeza que ninguém saberá explicar-me nos seus demais contornos, nos vai-e-véns dos carreiros que pisoteio sem saber se tenho algum cordão umbilical que me ligue a qualquer destino.

Nesta manhã chegou esta correspondência. A directora ainda não está aqui, apesar de eu imaginar qual o conteúdo da carta, sou expressamente proibido de ler, como óbvio, nem abrir posso; se se tratar de uma bomba, deus saberá como tratar da minha directora para que não se assemelhe ao trágico acidente que caíra sobre o Arquitecto da nossa Unidade Nacional. Vem num envelope timbrado por cima *"GOAL"*. Aprendi na escola secundária, na disciplina de Inglês que *goal* significava golo ou objectivo mas neste caso não se trata de nenhuma partida de futebol muito menos algo que se relacione com qualquer concurso que seja, é apenas nome de uma Organização Não Governamental das muitas que vêm operando nesta região do país que, por boas condições de hospedagem dos seus nativos, muitos brancos que sucedem tantas gerações pós-Da Gama, preferem desfilar seus dinheiros malditos para estes meus conterrâneos. Esta vida vai calcando as terras firmes do meu mundo cheio de tristezas e fraquezas – feitas pela incredulidade de seus próprios donos – um mundo de mal feição da qual não sei em que grupo me encontro. Serei dos péssimos, inexistentes vivos, mortos, melhores ou ainda dos bons da sociedade? Estas e outras questões não apanham respostas pontuais uma vez que só no bem dos dias vão fazendo diferença em mim.

Certos dias acordo rodeado de amigos que até esqueço que tenho família. Também são poucos dias que acordo rodeado de amizade e presentemente tenho recebido todo calor necessário para vencer. Sinto que familiares, amigos, inimigos são todos amidos para uma vida cheia de alegria, eles crescem a euforia que acrescento à vontade de continuar a viver mas ainda há outros dias que nascem parecendo que eu seja a brilhante lua, aparecendo sozinho do ventre da minha velha mãe, com estrelas a me rodearem mas nada me ajudando e, pelo contrário, me acotovelando na busca de espaço para que possam brilhar e por minha causa nada o fazem. Com tanto ciúme a encher os beiços traiçoeiros das manhãs sem sol, elas desejam correr atrás do prejuízo e me fazem homem solitário sem esperança de um dia ter paz nem harmonia. Será que nasci para ser assim?

O envelope que acaba de chegar é direccionado ao gabinete da senhora directora sem saber que apenas dez metros a separam do espaço de espera dos professores para entrada nas salas de aulas. É aqui onde a directora gosta de estar quando chega sem muitas preocupações ou quando está feliz pois quando ela se zanga deixa todos dentes bem

cerrados debaixo daqueles lábios quão apreciáveis mas –
"sinceras desculpas senhor director, não se sinta ameaçado
que nunca me aventurarei a *paquerá-la*" – quando ela
estiver mesmo alegre é uma beleza total e completa, sem
falar da robustez do corpo, curvas impecáveis, palavras bem
seleccionadas a saírem da boca de uma professora de língua
portuguesa, quase que não sinto a ordem que me tem dado,
cabendo-me apenas reconhecer o léxico através dos lábios.
Quando ela desce da TOYOTA Hilux de cor azul claro, se
desfaz da ressaca não tanto necessária porque da casa
directorial onde vive para a escola é muito menos que dois
quilómetros. Enfim, sempre que se entra em qualquer sítio
e se fica de pernas dobradas, o *nyamakaze* toma contornos
que só a medicina e exercícios físicos podem resolver.

Ela chega mostrando ar de um dia bem-nascido sem
querer contagiar na totalidade a sua alegria a todos mas
para mim, filho mais novo, muito empenhado no trabalho e
com esperança na mente, ela se sente na obrigação de me
embalar nas suas lindas palavras:

– *Bom dia Wumbua!*

Sinto na alma a frescura das suas palavras e me
envolvo por mim mesmo na delicada tarefa de apresentar o
pouco expediente que chegara antes da carta da GOAL,
claro que esta carta também deve ser apresentada mas já
imaginando qual seria a reacção da minha directora. Ela

pega em todos envelopes e começa a ler: da Direcção Provincial de Educação, da Direcção da Cidade, de outras instituições tais como a empresa GGL; valores de propinas pagas no dia anterior, precisando de contabilidade e preencher-se talão de depósito e mandar Mángua para o *BAIM* e depositar os valores. Por fim pega no canto inferior do envelope timbrado e ao tentar abri-lo encara certas dificuldades pois está bem cerrada a cola e agrafada não sei quantas vezes mas, já imagino que a vítima da ordem do descerramento serei eu e por isso não me preocupo bastante. Após cerca de três tentativas, quase já suada por tanto esforço feito para a acção anterior: – *Wumbua, toma e abra esse envelope, depois me passe o conteúdo* – e ela me passa o envelope.

Não demoro porque já imaginei o quanto podia pensar para abrir desde que recebi a carta até este momento que ela me entrega, sinto parecer que quem cerrara o envelope fora eu e que o descerramento fazia-se cumprir por uma certa ordem secreta que só eu conheço talvez vindo das cavernas não infernais mas dos mais antigos presépios que os ancestrais usaram para encerrarem seus lares para que nenhum inimigo os ataque e assim, a defesa fosse só conhecida por estas mentes antigas mas que compreendem maior parte do conhecimento guardado nas suas grutas. Abro o envelope e retiro de lá uma carta também agrafada uma vez e, devolvo os dois objectos para as suas mãos.

A *exma* senhora directora recebe a carta e enquanto lê, eu procuro espreitar e saber o que está lá escrito mas não consigo ler porque ela é mais alta e enquanto eu faço minhas tentativas ela vai lendo e relendo as palavras escritas em *Times New Roman* e num tamanho que por falta de interesse imediato não me importa saber, talvez ainda que estou muito preocupado com o conteúdo, se sei que estão a *Times New Roman* é porque tenho conhecimentos anteriores nestas matérias e que, até certo modo me auxiliam na prossecução da minha campanha de busca de conhecimento, campo de trabalho e meu lugar na sociedade.

– *A carta é mesmo dirigida à esta escola e eu não tenho muito a ver com isto porém, interessa a vocês jovens e, se eles nos endereçam isto é porque vêm que nosso trabalho é louvável mas isso tem um preço humano, o senhor Wumbua é dono destas proezas e aqui está mais uma tarefa, não há que voltar atrás, vamos enfrente e mais uma vez conto com a sua ajuda* – diz a senhora directora.

Com estas palavras fico mais perplexo e sem locução para opor ou louvar o que a directora me diz. Olho para os lados tentando contemplar o Mángua, o Peter e o velho Mabote – este que se encontra a uma boa distância de nós. Continuo escutando estas palavras, fico sem jeito e sem saber o que posso fazer, nem dizer mais porque já me considerei um dia um poeta em formação todavia, prefiro não deixar a directora sem correspondência pois, *"mesmo que não tenha algo a dar, melhor é perguntar que importância e relevância tenho eu ao merecer tanta menção honrosa"* e em tom mais exclamado do que um susto de trovão que se fizera sentir a poucos minutos atrás pergunto:

– *Senhora directora, sou eu o dono das proezas, como assim!? Se eu sou apenas um funcionário que nem tenho um ano nesta instituição, essas palavras merecem a Mángua e o velho Mabote que já têm dias profundos trabalhando não só com a Senhora, mas fizeram parte da grande empresa –* que hoje só fica gerindo as instalações que a delegação dos GGL-Sul em Nghokhoni tem na cidade e praias lindas desta terra e explorando vários espaços que foram deixados ou alienados à empresa – *e são eles hoje a me ensinar como trabalhar com a senhora.*

– *Wumbua, tu sabes que já foste tão importante para a escola mas, não podemos falar disto aqui, vamos ao meu gabinete.*

Em passos curtos e pesados vou me dirigindo ao gabinete da senhora directora que fica ao pé de uma das salas mais grandes que a escola tem, aqui se dão aulas ou, as salas são ocupadas pelas classes do segundo ciclo. Ao abrir a porta, deixo que ela seja a primeira a se dirigir para o seu espaço de trabalho e é aqui onde vejo que também eu tenho muita importância que muitos professores que já trabalharam nos tempos da ex-Escola Nya Simbi, sou granjeador de tanta confiança da grande *madamm* da escola uma vez que ela me manda entrar para a sala sem a sua presença porque o marido aparece de imediato e quer trocar algumas palavras com a esposa. Esta sai mesmo antes de dar entrada ao acesso a sua sala, deixando esta à mercê do pobre *professorzinho* que mal concluiu o nível pré-universitário, já é contratado para tal.

Palavras são poucas em número mas não sei o que são em tamanho e significado pois, pouco tempo depois a minha directora volta ao seu gabinete com o mesmo ar que levou ao chegar à instituição trazida pelo motorista da empresa. Entra e me dá mais uma saudação e, em tom mais executivo:

– *Senhor professor, acabam de receber uma carta da GOAL que convoca a escola a participar numa formação em matérias de HIV-SIDA nesta ONG e eu sei que a nível destas participações o senhor está muito abalizado do que mais nenhum outro dos teus colegas, não só, o senhor ainda é muito e mais novo, sendo uma grande chance de elevar suas habilidades em torno das mudanças que o mundo sofre...*

Mais uma vez indago:

– *Senhora directora, será que eu mereço, de facto este tratamento? O que eu sou de tão importante para a instituição?*

– *Wumbua não queira se menosprezar por si mesmo; melhor é alguém glorificar-te ainda em vida do que tantas mensagens de condolências que se lêem nos funerais e cerimoniais, tais são lidas apenas para familiares mas nunca para o devido indivíduo.*

– *Entendo, mas quem sou eu numa escola tão grande para merecer atenção da senhora directora?* – questiono.

Capítulo IV – AMEAÇAS

Uma forma expositiva de palavras tonaliza a metáfora dos momentos do trabalho que faço a favor da empresa que nunca me deu vínculo.

– Tanto já trabalhaste: não te recordas do trabalho que já fizeste e que deu muita vista do governador? Passou o dia 1 de Maio e idealizaste uma marcha, foi pobre mas estivemos com nossos alunos em peso até que modificamos o aspecto da praça, depois foste à outra margem comprar capulanas para a celebração do dia da Independência e que, igualmente, a nossa escola organizou cânticos, danças e uma grande marcha até a Praça dos Heróis.

Várias pessoas viram que, apesar de ser uma escola privada, está atenta e pronta a colaborar na educação sociocultural e moral-cívica dos alunos e sociedade em geral. Minha chefe recebeu tantos abraços em lugar de quem diz que sou eu. Sentado na cabine de honra sendo aplaudido seria mas ela sempre foi a directora e neste momento não pode tomar nenhuma decisão em volta destes assuntos sem minha presença ou melhor, quem deve fazer. Passo a dever relatório de todas actividades.

Recebo a carta em minhas mãos levo, leio e penso em tomar as providências necessárias. Uma vez que agora vou dar aulas e, ao sair tenho que trabalhar com o senhor Peter na preparação do mapa de efectividade, garanto a senhora directora que, dependendo do assunto, até amanhã dou alguma notícia.

Enquanto isto, o processo de desvinculação na empresa Giporro Gya Litigo afecta muita gente. Bem que se pensava que devido ao processo de lucratividade da via, esta não trazia nada de bom e a direcção viu-se no meio de uma ilha de funcionários trabalhando dia e noite e sem nada por fazer pois aquele monstro de ferro e aço já não se movimentava no seu já frouxo trofafar, libertando aquele odor a aço bem aquecido pela lenha que carbonizada produzia o carvão e a energia suficiente ao vapor de puxar os vagões já também cansados de tanto carregar *vacopi* e lenha cortada nos mais diversos pontos de Inharrime; atrás liberta pedaços de carvão aceso que escapa dos pequenos furos abaixo das máquinas guiadas. Os operários – que perfazem o maior número de funcionários a nível local, são tantos que por pouca necessidade que o porto já tem – para o comércio de produtos para ou de além baía, nada fazem para produzir seus ordenados mensais, cabendo à direcção produzir o salário para os funcionários excedentários por falta de matéria para processar. Não só, a empresa em si (na sua sede nacional) já liberara por diploma dos ministros a privatização, arrendamento, alienação ou desvinculação parcial ou total das suas instalações, funcionários e acções. No decurso desta medida, muitos departamentos deixam de existir, muitas terminais são trespassadas a entidades que por vezes não tem nada a ver com a actividade ferro-portuária e consequentemente muitos homens que prestam actividades em tais serviços são mandados ao olho da rua mas não estranhamente pois a lei laboral em uso prevê tais actos, emulando os lesados com uma tal indemnização contada na base do tempo de serviço, salário auferido, idade que o fulano tenha até a data da desvinculação.

Esta medida toma em contra-pé toda massa laboral da firma pois, nada mais confia uma vez que leva ou maior parte das vidas destes homens e mulheres trabalhando arduamente para esta empresa ao longo dos anos de guerra, travando altas batalhas ou emboscadas nas matas a volta de Inharrime. Estes anos de conflito passaram com muitas expectativas de pacificação do país mas não colocavam em mente – pois ninguém pensava – que nesta zona do território, a empresa ganhava muito pelos préstimos que a guerra a dava com grande exclusividade porém, com o seu término, nessas actividades seria rendida pelas estradas já livres e reabertas, ficando apenas a exploração turística dalgumas instalações localizadas em zonas de tal actividade. Todos operários de máquinas leves e pesadas, lenhadores, carregadores, agentes portuários e de manutenção ficam sem seus postos, substituídos em alguns casos por microempresas que possam engendrar maior dinâmica no funcionamento ideal da Giporro Gya Litigo, ficando alguns e dos melhor cotados academicamente mantendo seus vínculos com a empresa. Dentre os operários abrangidos, consta Ghuluva.

Ghuluva é um homem sempre aposto ao trabalho. Nunca deixa a família metida em sarilhos pela falta do básico para o sustento. Apesar de funcionário da Giporro, naqueles tempos de guerra nada era suficiente para qualquer família; tinha que se dar voltas pela cidade inteira a procura de algo mais que auxiliasse o pouco ordenado que até certa medida era considerado muito por muitas famílias que não o conseguiam. Lembro-me dos tempos de miúdo, andava pelos carreiros daquela vila onde cresci e vi ou mesmo senti a nudez que a sociedade passava. Muitos homens faziam-se dementes apenas para não sofrerem as consequências drásticas dos BA's, a falta total de mantimentos para fornecer à família ou mesmo a não recolha pela campanha "tira-camisa" para entrar no carro e ir defender a pátria. Ghuluva não passou por esses momentos pecaminosos mas sempre deu o máximo para viver uma vida relativamente folgada e dar aos filhos o mínimo necessário de educação. A esposa foi grande ajudante na batalha pela sobrevivência da família e, mesmo com a escala que o marido tinha no seu emprego, a ida de Laurina a *phuani* à procura de *thsacanhane* era essencial para o carril confeccionado maioritariamente sem coco nem mesmo o pó de amendoim. O amendoim que o INGC trazia e distribuía era insuficiente para pelo menos um mês e quem sofria nesses casos eram os habitantes que entre uma data de fornecimento e a outra, tinham que ficar de ouvidos abertos a qualquer anúncio de chegada e mesmo assim, corriam o risco de ficar na bicha das *calamidades* por longas horas a espera daqueles Volvos vermelhos e saber que nem tudo o que "pedimos" chegou, cabendo talvez uma caneca de farinha de soja que mal servia para a confecção de alimentos, ficando apenas para a feitura de papas para crianças. Os Volvos eram grandes que, muitas vezes, com a falta de velocidade devido as covas feitas na rua de acesso à cidadezinha, ficavam carbonizados após um saque total do produto e assim os que muito esperaram ficavam por regressar desolados às suas residências com os plásticos e sacos vazios. Era a guerra dos dezasseis anos. Mesmo após a guerra, Laurina não deixou de auxiliar o marido em todos domínios pois sempre deu o seu máximo na busca de algo que fosse importante para o aquecimento da lareira e não só, o preparo do marido à hora do serviço e a confecção do *mangungu* para as horas de intervalo. Assim foi a família sobrevivendo aos dissabores da vida.

Com a perca de emprego pela reestruturação da Giporro, Ghuluva vê-se na pior nas situações apesar com o valor dado na sua conta bancária no Astralim Bank. Tenta abrir uma barraca mesmo enfrente a sua casa mas, uma actividade fora do seu alcance psíquico, nada consegue mexer a bons carris como fazia com o *xitimela*. Vale a implantação da Faculdade de Ensino Turístico que, na procura de homens que velassem pela limpeza, segurança e manutenção de suas instalações, recorre ao Giporro para aquisição de recursos humanos já experientes nestas matérias. Ghuluva foi controlador de carreira e praticamente leva experiência de muitos anos na segurança de bens empresariais. A direcção da Giporro faculta a sua recontratação e lá é chamado. É um grande alívio para ele e família e claro para mim também pois já é possível encontrar-me com Marla sem muitos imprevistos.

Esta acção facilita mais as minhas investidas na filha pois a mãe é mais uma vez submetida aos trabalhos correntes de vigilância da panela e *mangungu* ao marido, ficando para mim os momentos de ausência dos dois em casa. Mas mesmo assim, a vizinha, dona Quitéria nunca deixa de controlar as crianças da vizinhança. Boa é a minha sorte em conhecê-la muito antes de o perigo bater a porta pois ela acaba descobrindo os meus descalabros.

Uma vez que não trabalha, dona Quitéria já nos avisou da responsabilidade que lhe fora passada pelos pais de Marla. Mais uma vez a sorte me bate na porta quando me vejo contratado na Escola Secundária Giporro Gya Litigo e lá tudo será possível me encontrar com a menina dos meus sonhos. A directora não conhece nenhuma relação entre nós dois muito menos entre ela e o pai da menina. A única que me pode contrapor é a minha aluna que nos conhece os dois e que já fora algo...

* * *

Saio em direcção à sala dos professores para dar uma olhada no material que vou utilizar para a aula a seguir. Chego e me dirijo ao penduradouro das minhas réguas e recolho todo material necessário mas, como sempre, me recordo que para algumas salas não sou capaz de alcançar o topo do quadro para dar mais explicações. Fico desanimado a continuar com destino à sala mas, é natural em todos dias que meus alunos me mandem gozações que não me ofendem, aliás, sinto e sei que minha altura é de pouco desenvolvimento e não sou igual a todos e, estes se fazem e levam este detalhe como ponto de partida para certas rizadas quando uso um banquinho que fica num dos cantos da sala para servir de meu apoio e galgar alguma altura que não fui capaz de atingir. *"Serviu ou não? Dessa serviu, e hoje, terei a mesma sorte?"*

Carrego o material para a sala e lá, quase metade da turma é que me aguarda, os restantes ainda não chegaram e o trabalho deve andar. Enquanto começo com a locução da aula, reparo fora e vejo uma cara não estranha. Fico pasmado, nervoso e sem jeito de continuar a leccionar. Paro, penso, repenso e olho para a turma. Aqui há duas que me conhecem e conhecem minha rotina, seguem meus passos e minhas tristezas, destrezas, alegrias, fantasias e fantasmas; são duas que me levam a peito como professor aqui mas lá fora somos irmãos em Deus e uma delas tem pretensões mútuas comigo. Dar atenção a quê? Tento uma fuga da sala para pensar no que posso fazer enquanto estiver fora mas, estas duas não me deixam – murmuram baixinho passando a informação de carteira em carteira:

– *É a namorada do professor. Já consegues ver quando disse que este baixinho não tem gostos? Tu pensas que posso me meter com ele ainda seguindo pé-rapada como esta?* – diz a pretensiosa.

– *Não fale assim Sand, o professor precisa de ti e tu negas; já passa muito tempo que ele é nosso professor, te encontrava na igreja e sempre falou de seu amor por ti. Quem sabe se aquilo é um refúgio da solidão ou mesmo vingança? Pega e trate bem do gajo, já próximo ano vai a faculdade e tu deixas. Ok, tu vais saber como fazer minha irmã.* – diz Líg bem desapontada com a presença da possível rival da Sand e a consequente distracção que tomo na sala. Continua dizendo *quem sabe se contigo aqui não teria mais tempo para estas sacanas da cidade? Ele é bonito apesar de ser baixinho.*

Continuo contemplando o ar de fora da sala. Procuro maneira de desaparecer e nunca mais ver o que estou olhando, não tenho maneiras, sinto alguém que esteja a falar mal de mim, sei que o pai que comigo trabalha conhece o regulamento da igreja mais que eu e ele sempre me repreenderá, antes porém, a pessoa recém-chegada faz parte da família do colega espiritual deste camarada que aquí no *thumoni* é meu colega mas lá de fora, em Deus ele é mais grande do que eu e, sabendo desta história vai me meter num túnel sem saída.

O que faço? Quem me pode dar o feitiço de desaparecimento e me misturar com as paredes ficando apenas aqui o meu nome nas bocas destes alunos e da direcção? Me vejo sem saída e continuo a fazer meu trabalho, introduzo a minha aula, apresento o material em uso para o tema do dia, exijo o trabalho de casa e quase todos não realizaram; fico mais nervoso e procuro uma saída. Agora sim, zangado que estou me é possível *driblar* a turma e sair.

– *Os senhores não realizam os trabalhos de casa porquê? Sentem-se realizados com o pouco conhecimento que têm? Acham que eu aqui sou qualquer palhaço? Toca a mexer, todos com os cadernos e material para resolver o trabalho agora, caso não, todos ficam fora das minhas aulas por quinze dias, resolvam e corrijam. Este é o trabalho para o primeiro tempo das nossas aulas.*

Aproveito este momento para sair e dialogar com a minha hóspede. Ela vem com um ar não feliz, me interpela no corredor do pátio onde os alunos passam o seu intervalo.

– *Olá Marla, como vai?* – pergunto com ar de alegria oculta, só para não descobrir que não estou a par da sua visita à instituição uma vez que ainda não é minha esposa e que a sua existência neste sítio me pode provocar qualquer risco de descoberta pelo pai dela e aí, estou *"fritado"* sem óleo nem fogo.

– *Vai indo, estou vindo da escola e vim concretamente falar com o senhor.* – dirige-se a mim num tom extravagante.

– *Falar comigo? Nós temos muito espaço para conversar hoje mesmo mais tarde na igreja ou por um plano que possamos traçar.*

– *Papá, a cena é outra; não é um papo daqueles a que estás habituado.* – riposta ela, ofegante.

Quando ela me fala assim, fico sem saber o que perguntar ou pelo menos que pergunta posso fazer à correspondência da atitude que ela traz e a potência das palavras que profere que se metaforizam com um mau tempo anunciando uma tempestade que possa destruir toda a riqueza. Tento engolir em seco mas não posso com a fúria que me aumenta: *"estamos em grande perigo, eu já não vejo lua a alguns dias e meu irmão já tem informações sobre a nossa relação..."*

Quando ela me fala disto volto a pensar na carta que a directora acaba de me entregar. Vem da GOAL e que esta é uma ONG que trabalha em torno de HIV e este é muita das vezes *apanhado* quando no amor houver sexo desprotegido. E eu? Será que assim que fala de dias que correm sem atravessar pelos semáforos, terei cometido dois erros: engravidá-la e talvés ter contraído o HIV. Fico sem palavras nem justificação para mim mesmo, não sei que resposta me posso dar perante uma situação que acho pesadíssima e sem saída, aliás, se há saída, há igualmente grandes riscos que possa não ultrapassar e caso seja assim, estarei a piorar a situação. Mas só a gravidez não me preocupa tanto porque nem que o bebé venha, serei pai mesmo antes do período necessário ou não programado, virá numa altura não fértil mas não haverá dúvida porque eu sei que a mãe seria apenas minha. Ela é minha e ainda não o é mas, será que isso traz algum problema? Quando é que poderei ser homem e pai? Deixa isso estar. Mas será, por acaso, filho de pais seropositivos?

Prefiro lhe mandar para casa de modo que mais tarde, à hora de minha saída daqui, passe de lá e mandaria a nossa mensageira Judy para lhe chamar se o pai estiver e casa. Volto à sala com um ar de pior nervosismo e medo. Tento me concentrar mas não consigo esconder isto dos meus alunos. Estes me descobrem e reabrem todos meus sorrisos querendo desblibliotar a razão do nervosismo e deixando de lado a inquietação que deveriam me dar. Admito certas mentiras para a minha boca, luto em vomitar palavras que lhes desmoralize de pesquisar-me mais.

– Se vocês fossem detectives seriam penalizados pela forma agressiva que buscam a verdade mas, uma vez que só carregam tindzava não há motivo de alarme pois só poderão limpar – a lambidos – a cidade, com informação errada e que em nada pode me incriminar. Deixem de varrer minha cabeça e coloquem mãos a trabalhar e prontos.

A aula decorre sem sobressaltos mas uma vez visto o estado de espírito em que me encontro, todos alunos se encontram meio pasmados querendo descobrir mais o que acontece comigo. Quanto mais eles fazem isto, mais me irrito pois, levo a peito que estou apenas na escola para ensinar e não para abrir o livro da minha vida e, quem é esse que me quer abrir?

Já na hora de saída pouco faço para não me atrasar ao encontro com a futura mãe do meu bebé esperado com muita emoção mas com remorsos das consequências que isto me poderá trazer. O bebé vai nascer mesmo assim e não posso deixar-me levar com emoções porque já sou mesmo um homem. O caminho da casa dela parece agora muito longo tanto que preciso encontrá-la o mais rápido possível apesar da vontade inútil de desaparecer deste mundo e, quem sabe me cruzo com o pai ou irmão dela ao passar por lá. Na verdade eu sei que Judy facilita nossos encontros e esta vive numa casa mal conhecida por mim e para que ela me ajude devo pedir a um daqueles garotos que encontre na sua rua brincando e, interrompendo a brincadeira mandarei chamá-la. Chamo a esta para ela chamar a outra: que raio de brincadeira.

Judy namora John e este sabe da tarefa que ela desempenha para mim e Marla, porém em nada isto lhe incomoda mas quando eu lá chego enquanto está, nada de melhor me espera senão tanta demora e, do meu lado o velho Ghondor não me quer ver atrasado, ainda que tenho de ir aos ensaios e, sem falta nem atraso à casa de Deus.

Felizmente chego e encontro rapidinho o miúdo que me vai chamar Judy. Refila um pouco ao meu comando mas acaba aceitando por ver as barbas que já completam o meu queixo e os bigodes que já perfilam alisados por baixo das fossas nasais porque, de altura, este menino nada vê em mim – somos iguais – mas graças a Deus (?) ele cede e vai correndo à casa da vizinha. Ao voltar já vem com ela pegando pelo bracinho para apresentar na hora e receber da minha boca a gratidão do trabalho realizado uma vez que estes miúdos nada têm a ver com valores monetários mas sim, o valor moral que tantos e todos dias são ensinados pelos pais: respeitar os mais velhos dando-lhes tudo o que for possível e permitido pela idade que têm. Levanto minha mão direita e coloco na cabeça despenteada do menino e profiro o meu obrigado. Ele sai a velocidade da luz por já ter recebido o que tanto esperava – louvor pelo seu trabalho; é lógico e eu tive isso como dever moral.

– *Mamã, venho aqui ter contigo porque preciso daquela mamana, filha do Ghuluva. Melhor seria que se preparassem para irmos logo aos ensaios.* – anuncio a tarefa que lhe espera.

– *Eu não vou hoje, estou esperando pelo John e tenho uma novidade má para ele. Estou grávida e espero que ele venha decidir o que fazer.*

Quando escuto a confissão desta menina fico sem jeito de mais dialogar porque tanto que são amigas e com uma parceria que os pais da Marla pouco aprovam, para haver tanta coincidência de factos estranhos assim, seria um fim do mundo para elas e nós dois homens tão ladrões das paixões delas. Ela pega o carreiro da casa de Marla e caminhando devagarinho vai desaparecendo do meu olhar. De repente aparece a mãe de Marla por minhas costas, apressada e preocupada que estava em ir a igreja não se dá conta de minha pessoa – sinto eu que viu um miúdo desconhecido e nada lhe comoveu em saudar mas quando ela passa, reconheço-a pelo traseiro aconchegado ao corpo e altura igualíssima à minha e sem mais demora dou as costas à direcção onde ela vai sem observar nem uma vez atrás. *Muito obrigado* – digo num suspiro de me ter aliviado dum acidente que não o é porque ela ainda não tem nenhuma informação acerca do que a filha é comigo, com certeza Judy cruzou-se com a dona Ghuluva na caminhada à busca da amiga. Quem sabe o que se terá travado entre as duas: boas palavras de simples saudação? Questões acerca do destino de Judy? Encrenca sobre dúvida da rápida caminhada atribulada dela? Enfim, são perguntas que faço a mim mesmo sem ter resposta certa no momento. Paro ainda para pensar: decerto nada de bom houve mas tudo são especulações porque mesmo a reprovação da amizade destas duas não é visível mas nota-se apenas quando Marla mostra um comportamento negativo em casa e aí, os pais mandam dissabores a ela e perguntam sempre pelo comportamento da amiga, ameaçando por vezes desmascará-lo e eliminar uma vez por todas essa relação porém, antes de ter certeza total do que acontece, nada e/ou pior podem fazer. Mas como sei destas poucas entre os pais da minha amada para Judy?

Me recordo de um certo casamento que houve nas proximidades das duas casas. Era casamento de minha prima e eu lá fora convidado. Durante as celebrações me dirigi à casa de Judy e esta me levou ao encontro com Marla. Por fim, nós três voltamos a casa da minha mensageira e lá no quartinho dela deixou-nos a sós. Claro, nada de bom poderia acontecer senão o sempre esperado entre *gato e rato* e tudo aconteceu. Sorte nossa, passados alguns minutos ainda em momentos de prazer, chegou a mãe de Marla procurando por ela e descobriu que ela estava no quarto da mensageira conversando (?) com alguém que não chegou de perceber porque Judy, esperta que foi – ao ver a mãe da amiga – chamou por ela com um tom grave que deu para entender um alarme de tempestade à boca da proa. Marla compreendeu e eu também. Ela respondeu ao chamamento da amiga com um ambiente santo que não fizesse perceber em que estado se encontrava lá dentro com um homem – amor da sua vida? – e eu suspendi uma gargalhada na ofuscação de palavras que meu peito sentia para falar uma coisa senão outra *"Marla, eu te amo tanto."* Na verdade eu amava mas ainda sentia muito medo de amar. Mãe que já é de idade maior que nós, percebeu que algo de estranho estava acontecendo mas não quis destapar. Chamou pela filha em tom ruidoso e para temer:

– *Marla, você sai de casa sem despedir porquê? Pensa que é assim que deves ser? Você ainda é criança e tem muita tarefa para ti. Sais sem avisar nem a mim muito menos a tuas irmãs; vinhas fazer o quê aqui?* – fala com a filha e de imediato vai sobre Judy *"não gosto desse comportamento. Esta deve estar em casa a trabalhar, quando desejam sair às brincadeiras devem nos pedir permissão e despedir, está bem? Da próxima, as duas pagam muito por este comportamento, ta?"*

Eu, lá dentro, só pedia graça a Deus para que a mãe não ganhe a coragem de querer confirmar uma suspeita que não sei o que era porque ninguém lhe dera qualquer satisfação do que estaria a fazer. Felizmente, mãe e filha saíram de casa com berros e eu penso *"será que ela não pensará em algo que possa ficar a fazer com amiga dela uma vez que estou aqui no quarto e esta camarada me admira bastante?* – mas Marla não pensava nisso e nem Judy não me avisou da saída e desaparecimento de vista das duas e eu me preparei para sair com ar medonho e receoso de cruzar com as duas ou com John saindo daquela casa. E assim ficou uma pequena nódoa na garganta dos Ghuluva em volta do comportamento que Judy levava e que não tão longe contaminaria a sua filha mas, na verdade, nada disso era assim pois, as duas já tinham seus pontos em nós bem atados em que uma defendia a outra a qualquer momento caso houvesse qualquer problema comigo ou com John. As duas nos faziam tudo e pouco para que a igreja não soubesse dos casos mas nada seria totalmente possível até que aos poucos, Sand e Líg souberam e a informação quase se espalhava por toda comunidade. Numa dessas vezes que até a Penosa quis me complicar lançando perguntas direccionadas a relação mas, tanto sacudi a poeira que me atropelara, nada de limpo deixei que assim ficasse, virei a conversa de todas maneiras para que isso não tomasse o mesmo rumo.

Finalmente, saí de volta aonde estava dantes e onde encontrei-me com as duas. A festa lá estava tão boa que o seu barulho contagiava e convidava a vizinhança para presenciar aqueles momentos de emoção, alegria, felicidade, enfim, de festa. Aí sim, Judy não se cansara daquelas poucas que a Ghuluva lhe mandara a menos de três horas passadas. Saiu de sua casa e foi atrás de Marla, bem sabendo que os pais dela estariam de novo nos ensaios.

– *Minha amiga, teus pais não estão em casa novamente, ném?* – perguntou Judy.

– *Sim, eles já foram a muito tempo aos ensaios e de lá vão a uma reunião e tenho máxima certeza que de lá só podem vir a meia-noite.* – confirma Marla bem confiante – *Qual é o plano que me trazes amiga?*

– *Que tal irmos atrás do Wumbua de novo? Ele ainda está aquí por perto e podemos brincar um pouco mais.*

Plano traçado e aceite pelas partes, as duas puseram-se a caminho da festa do casamento onde eu estava desfrutando de tantos refrigerantes e comida que bastasse. De repente escutei meu celular a tocar e vibrando. Troquei a *fanta* que trazia na mão direita e passei para a esquerda, na tentativa de tirar o aparelho, senti o braço preso por uma mão fresca, fina e muito leve. Parei e pensei efusivamente. À minha frente estavam meus primos e nada me diziam – *será que alguém é da família ou que meus primos conheçam?* – não tenho resposta e:

– *Primo, khu mani yoyo?* [primo, quem é esse(a)]

Todos puseram-se a rir e fiquei sem jeito. O telefone já não fazia barulho e eu estou tenso de pensamento. Finalmente resolvo dar uma volta ao meu próprio corpo e me deparei com aquele corpo baixo igual a mim que na verdade não estava nos planos da minha família e, sem muita demora consegui destapar o que era.

– *Olá Judy, você aqui?*

– *Vamos lá para rua, alguém está esperando por ti.*

Saímos abraçados em direcção à rua, sem temer nenhuma represália porque aqui ninguém está que possa chamar atenção medrotiva. Descemos a escadaria da entrada do quintal e logo a dez metros da porta vi aquela cara de uma mulher magrinha e um pouco mais alta que eu e Judy. Exclamo pois, não esperei que fosse Marla lá fora após aquela derradeira visita da mãe dela à casa de Judy que, por pouco nos flagrava em momentos felizes e que em segundos transformar-se-iam em tormentos de toda a vida.

– *Hi... nem podias levar-nos umas garrafinhas desse refrigerante?* – perguntou ironicamente Marla – foi uma pergunta que constituiu ordem mal expressa talvez por falta de calibre de colocá-la sobre mim porque nestas terras dos *vbatonga*, homem é sempre homem, cabe à mulher dar ao marido o seu privilegiado trono para que os dois sejam conhecidos como um casal com boas práticas maritais e, apesar de ser um facto ainda às escuras, bem e bonito é arranjar o espaço de modo que na hora da verdade, eu seja eu perante ela, aliás no lar há lugar de privilégio para os três: pai, mãe e filhos.

– *Quem sou eu para levar e trazer cá fora? Se bem que precisam disto vamos entrar e por lá falo com meus primos para vos servir.* – respondi lançando um olhar mafioso nos quatro olhos que me enfrentavam. Senti que Marla estava ironizar um sorriso de desprezo misturado com dúvida de qual era o meu papel e que valor eu desempenhava na família pois sou um dos sobrinhos que nunca provou o álcool e assim todos tios estão orgulhosos e confiantes nas minhas boas acções de defensor, na festa, contra os larápios e *djecadores* da noite. Ela me olhou de soslaio e acenou a cabeça num sinal de que nos deveríamos entrar quintal adentro.

Eu e elas entramos pela porta principal e direccionámo-nos aonde se dividiam os refrigerantes. Lá estava um dos meus primos e claro, falando de minha namorada, nada podia cair na falha; todos gostavam de mim porque me fazia bom pacificador uma vez que me mantinha lúcido a controlar todo ambiente de fora a dentro. Já no bar eis Judy a não se conter. Porquê? Viu variedades de bebidas e ela já vinha bebendo mas, viu-se limitada porque era um sábado que antecedia ao primeiro domingo do mês e lá na arena Divina é uma semana que se deve santificar de qualquer jeito e eu que sabia disso, não deixei nenhuma delas tocar nas bebidas. Dei uma garrafa para cada uma e, terminadas estas, elas se despediram sem nada mais querer. Fiquei confuso. Tentei pegar em Marla pelo braço mas ela conseguiu se escapar e pôs-se a correr. Não pude segui-las na velocidade que levavam mas aos poucos ia caminhando na mesma direcção que iam e, sem muitos passos andados, vi a minha frente, numa zona totalmente iluminada, dois bustos que logo a primeira não reconheci. Parei para observar com atenção e descobri que eram os pais da Marla. Como ela conseguiu saber da volta deles para puder sair correndo? Não tive resposta. Preferi voltar mas a ideia não me soava bem. Preferi continuar indo para ver o que acontecia. Na verdade as duas amigas viram os pais da Marla vindo pelo caminho que passa pelo casamento e puseram-se a correr na tentativa de chegarem primeiras à casa e quando eu me apercebi da corrida e tomar a decisão de seguir, os pais estavam a escassos trinta metros da minha localização mas nada entenderam tendo apenas visto as amigas em corrida de antílopes sem direcção, mexendo e remexendo capim verde da savana.

Foram vistas e reconhecidas. Claramente houve razão de barulho em casa e isso aconteceu. Eu assisti pelos furos do quintal de *sipinhosa* que rodeavam a casa, esperando apenas o momento fatal para mim no qual dir-se-ia que lá estávamos com Wumbua.

Capítulo V – A FORJADORA

Duas semanas passam e ela aparece agora em casa para me recordar do assunto da barriga, ameaçando denunciar aos pais caso eu não tome alguma providência. Me vejo entre a espada e parede. O que fazer? Mas, também não vejo nenhuma mudança no comportamento ou estatura física dela, tudo está na mesma. Será que é verdade? Não consigo me colocar dentro de mim para raciocinar melhor, o que sei é que estou confuso pois não imagino aquela notícia rodando por toda a cidade e antes, entrando nos ouvidos do velho Ghondor. Nem mesmo que os pais dela saibam da nossa relação já seriam sarilhos envolvendo as nossas famílias e até altas patentes lá da igreja. O que faço?

– *Afinal naquele dia não foram questionadas a meu nome?* – pergunto ironicamente a Marla. Não me responde e entendo o cinismo que traz na cara. Ela sai correndo do encontro sem mais nada dizer. Fico mais confuso mas prefiro deixar assim.

Continuo andando todos dias para o serviço e de vez em quando passo da casa dela para dar uma visitinha sem me esquecer de pedir permissão à amiga. Me lembro até que num desses dias fui pernoitar em casa de Marla na presença sonolenta dos pais porém, o plano fora feito à distância pois, apesar de ela não ter telefone, o meu aparelho telefónico de marca NOKIA 5110 me facilitou algumas conexões com qualquer número pelo qual ela me desse um sinal desejando dialogar comigo. Judy tem um Alcatel dos mais antigos nesta era e assim que Marla volta da escola comercial, dirige-se à casa da amiga pedir que eu a ligue.

Dito e feito, apesar de tanto trabalho que estou realizando no gabinete técnico a planificar a participação da escola nos cursos da GOAL, não demoro tanto após o sinal que elas me fazem e, logo que toca a minha *geleira* no bolso de calças de pano que herdei de meu pai que já está descansando ao lado de Deus, meu Senhor Jesus, anjos celestes e toda família que a dias se foi quando seus dias de vida na terra terminaram.

– Olá fofa, tudo bem por aí? Eu estou bem apertado de tanto trabalhar sem descansar. Muito expediente me espera no sector pedagógico, cultural e desportivo. A directora está aqui mas como sabes, essas coisas quem deve tratar sou eu em pessoa, a ela só tenho que prestar as contas das necessidades monetárias, despensas, credenciais e os respectivos relatórios após a realização de todos projectos traçados no âmbito de funcionamento da instituição. – digo a elas, confuso e também emocionado.

Fico sem palavras quando doutro lado da linha oiço a voz muito tímida escondendo alguma dor que desatina sem eu ver quem sofre e o que está sentindo neste devido instante e assim eu devo prestar muita atenção a este facto. Paro de escrever ou melhor, fazer a relação dos alunos que levarei à GOAL logo na próxima semana uma vez que hoje é já quinta-feira.

– Wumbua, ainda não disseste nada acerca do assunto que me levou à tua escola na semana passada. O que achas que eu faça? Dizer meus pais e assim entenderás melhor? – indaga ela, ameaçadora. *– Acho que não acreditas nas minhas palavras porque se assim fosse, já me terias dado o palpite em volta do assunto. Bem sabes que se isto aparece à vista do mundo, tú e eu perderemos nossos direitos no seio da igreja passando a pertencer a um outro grupo que não convém a esta nossa faixa etária.*

De facto me sinto mais nervoso por aquela ameaça pois, mexe com minha cabeça e até sinto as tripas todas vazias apesar de ter passado pela cantina do Mángua na busca de um chá bem quente e algumas bolachinhas que tem em abundância por aqui (sabes quais são? BOM DIA – bolachas bem duras e que apesar de serem poucas, um pacote de apenas quinze é suficiente para me pôr firme e trabalhar durante o dia todo sem me reclamar de fome).

De momento não tenho dinheiro mas tenho que resolver esta situação que me tira a motivação pelo trabalho pois, não me sinto bem trabalhar pressionado por uma questão que sou capaz de resolver em menor espaço de tempo. Recordo-me ainda que num dia desses ela me teria falado de ir falar com o enfermeiro dono da clínica Raul que tanto se guarda nos corações das meninas desta cidade como refúgio para situações desta natureza quando por brincadeiras ficam carregadas nos seus ventres. Tal clínica, que por várias vezes foi visitada pelas brigadas de inspecção da saúde e sempre achados vários tipos de medicamentos e aplicações não admitidos ou de uso exclusivo do governo – ainda que faz trabalhos clandestinos – por tanto dinheiro que faz com as moças dos bairros Santarém 1,2 e 3, Capital 1 e 2 e Aeroporto, ele consegue se virar e não parar nas grades da grande BO onde, quem por lá passa, veste-se de preto mesmo que não tenha nenhum familiar morto – oxalá que para alguns seja bom. Marla falou-me que seria melhor que lhe entregasse um valor para poder se aproximar àquela clínica a fim de se libertar daquele peso que seria fatal algum dia.

Vendo-me em águas turvas, preferi pagar os 400 mil meticais que correspondiam a dois meses de gestação pois, Ti-Raúl cobra duzentos por mês. Foi doloroso ver esse grande valor a sair sem nexo pois, via um dinheiro ido sem destino direccionado só porque precisava de me safar de um perigo visto nos olhos de uma comunidade que a todos esperava e, em particular desejava rir-se dos maus actos que seus viventes mostravam. Será que ela foi ao trabalho de interrupção desta gestação? Uma vez que prometeu, levo a peito a verdade que disse e espero que tenha realizado o facto, esperado para que não fique acima da navalha daqui a poucos dias.

Mas quando numa relação foge a confiança, todos podres saem ao mundo sem necessidade. Judy e Marla foram amigas de cordão tão forte que acabaram nos abarcando nessa força (eu e John) sem vontade e por fim estarmos sedentos de sua dupla existência no mundo. Sabe, as palavras que sempre nos metiam nos ouvidos eram tão doces que nunca e ninguém pensou em separações em todos casos, elas connosco, elas entre si e consequentemente nós dois.

Capítulo VI – SUSPENSÃO

Afinal de contas esta senhora nunca esteve de barriga. Mas será que terá pensado contrariamente ao que eu penso por ela? Encaro uma relação séria perto ou melhor, a seu lado mas estou imaginando que as consciências que levamos são totalmente diferentes.

Devido a minhas relações boas e bem colocadas a nível das organizações de todo género, desde a participação política à intercâmbios juvenis, culturais, socioeconómicas e nacionalistas, vejo-me sempre nas cabeças e bocas de todo mundo quando pensam em alocar um grupo de indivíduos de confiança para desempenhar certas actividades. Pois é, desde 1998, quando era aluno do nono ano do ensino secundário participei como ajudante de arrumos, homem de mil palavras, desfrisador de mentes quando estivessem tensas de tanto assistir ao torneio de diversão do Guitsangue Amélia Dásse, escola que tanto frequentei desde os meus quinze anos e seguintes. Nestas cerimónias eu era o interlúdio com poemas directos à plateia e de vez em quando lá dos fundos do cine-teatro, dos balneários eu declamava em tom totalmente medido à voz dos actores, ia soando sem que ninguém descobrisse na verdade quem era o poeta desconhecido que a cada dia nascia com mais uma peça de teatro que Ercílio montava e, em grupo desenvolvia-se para que fosse apresentado a este público maravilhoso. Já era escritor meio conhecido nos carreiros da cidade, aliás, vivia com todos meus camaradas reconhecendo minhas qualidades de palavreador mas enquanto a sorte ou o trabalho não chega ao fim, não se pode declarar homem acabado, daí que me consideram ainda um ovo por chocar e de lá nascer o verdadeiro poeta. Serei poeta sim quando souber descrever os passos de um mundo que me viu nascer e dele descobrir a razão do meu ser. O que vale me louvar enquanto ainda não sei quem sou? Ora, aquele baixinho me reconheceu como "Negro" devido aquele poema dedicado à minha raça totalmente igual a cor da noite sem estrelas, e de lá até hoje, chamámo-nos reciprocamente Negro. Sim, sou negro que não sei qual é a minha história tal como disseram os antigos antropólogos:

Sou negro
da cor da noite sem estrelas!
Negro carregado de palavras que não se escrevem,
meu caderno é o ar que respiro
e nele escrevo minhas palavras soltas e invisíveis...
Levo minha história marcada no tempo
gastando minhas solas na terra que me viu nascer.

Sou negro
pálido na falta do mel
que meu patrão arrancou da minha colmeia

e lançou ao mercado desconhecido.
Tirou de mim o poder de ter o que me pertencia.
Me fez trabalhador sem tempo em minha casa,
tirou-me das minhas tradições
e me tentou ensinar o que ele sabe.

Sou negro partido de falhas do meu patrão
mas hoje sou negro que não o sou
sou branco quando quero
mas nasci, fui, serei e sou negro.

Assim fui me fazendo saber em toda a praça sem cessar de exercer minhas actividades particulares e domésticas. De manhã cedo acordava as 4 horas e me lançava à vassoura para limpar o quintal onde vivia e que após esta tarefa me colocava a tomar o banho e correr à escola que ficava a trinta minutos de casa. Era difícil percorrer este tempo e, das sete da manhã até ao meio dia sem lanchar, me fazendo bem forte e dedicado à tarefa que me levara ao recinto escolar aliás, era considerado um dos melhores alunos da escola que me valeu uma menção honrosa publicamente lançada nos órgãos de comunicação social, vitrina da escola e na direcção provincial como o segundo melhor aluno do ano. Que honra valeu a minha família e em particular à minha mãe que apesar de não ser detentora de nenhum aparelho de ondas magnéticas, a vizinhança foi abraçá-la com parabenisamentos pelo trabalho e qualidades que o filho fizera na cidade. Para além de tanto tempo de estudos, tinha que reservar tempo para a educação física e ainda para os ensaios de mais uma peça de teatro. Uma vida não habituada mas tinha que ser seguida minuciosamente de modo a deliciar-me dos poucos e grandes momentos de vida que a cooperação juvenil e cultural favorecia a um jovem que vinha de uma família humilde e sem poderes favorativos ou que se igualem aos de seus colegas de turma. Era doloroso ainda ver-me entre pessoas de grande porte financeiro pagando algo aqui e ali, incluindo o simples lanche que se considera necessário para a restauração do poder psico-físico para a continuidade das aulas após uma primeira parte de trabalho de aprendizagem. Dr. Zaica descobriu-me sim a partir dessa minha boa classificação nas aulas e avaliações – até que mesmo aluno do nono ano, fazia trabalhos de pequena monitorização das aulas que meu docente leccionaria em outras turmas, cabendo a este a clarificação de dúvidas e melhor explanação das matérias. Desde esta época muitos professores passaram e Zaica, maravilhado por meus feitos decidiu, colocar-me no grupo teatral de modo a não carregar a mente mas sim, dar um momento de mais refrescamento da cabeça.

O décimo ano surge e continuo fazendo parte do Grupo de Entreternimento Guilabumba e como sempre continua deliciando os citadinos desta pequena terra com "O crime nas barbas da lei – uma história de (in)justiça social clamando por melhores momentos de vigilância policial ou em certos casos criticando a actuação desta força quando não se faz detentora dos instrumentos linguísticos técnicos para o seu trabalho. Não só, o facto ainda pouco conhecido pelos populares que se alia a desorientação dos jovens voltados do Serviço Militar Obrigatório criou a "A vida obriga" que em meus versos:

A vida obriga
a ser o que não se deseja

A vida obriga
a deixar mãe e pedir por madrasta
deixar terra e pedir por alturas do além
esquecer casa e precisar de abrigo no vácuo
...a vida obriga.

...mentir uma verdade que se está escondida,
enfrentar o ar que só tem vento e nada mais,
a vida me obriga a esquecer um mundo
e precisar do inferno
enfim...
A vida me obriga a me perder
e me recuperar onde não existo.

Na verdade eu me esquecia de ser o que sou, apesar de saber que o mundo me reservou mil e muitos sonhos enquanto permanecer a fazer parte deste grupo de diversão semeando alegria e espanto aos que desejarem.

Enquanto fazia parte deste grupo nada me dava pensamento de continuar com regressão em meus sonhos pois, a política influenciava-me bastante até que conheci muitos homens de palavra de honra como o mestre Vera que tanto quis e precisou de meus préstimos na pintura de murais revolucionários aquando do segundo pleito eleitoral no país. Não me via a perder porque o "amor a camisola" me revestiu de resistividade contra todas palavras contraditórias ao trabalho que, não pago, não o considerava exploração. Afinal de contas, quem sou eu para os grandes homens da geração de 25 de Setembro? Foi por força de inspiração em Eduardo Mondlane que me meti neste beco com saída a duro suor e aqui ganhei grandes amizades como Nilze, Belo, Narcísio, Boca e mais. Foi assim que o chefe Bingo Ua Nhane me reconheceu como homem dedicado à causa unidimensional das coisas. Este me colocou como padrão das qualidades exigidas para que um país como o nosso, só jovens apostados e desejando boa governação podiam desenvolver. Passou muito tempo desempenhando a tarefa de defesa das necessidades camaradais da minha zona de origem.

* * *

Nos finais daquele ano de batalha final ao ensino secundário e consequente retirada da pequena cidade, não houve a realidade que os meus sonhos previram, saindo no descalabro de repetir uma área de conhecimento muito sensível ao ramo que seguia e infelizmente, vejo meus colegas de carteira, de lanche, de papo e de palhaçadas a voarem para longe, lá na capital do país onde se pensa que tudo reside. Não foi fácil esta realidade pois, nunca pensei em cair numa perda total de confiança às qualidades que levo desde o início da árdua tarefa de aprendizagem dos fenómenos naturais.

É durante este período que me coloco na Escola do Giporro Gya Litigo como professorzinho muito mimado e gostado devido aos préstimos e dedicação à tarefa de educar e divertir a comunidade escolar quanto utente que solicitava os serviços aqui prestados.

A carta enviada pela GOAL acabou tendo resposta. Eu e mais dez alunos meus temos que prestar uma semana de aprendizagem em matérias de HIV/SIDA que serão prestados pela AMODEFA, uma grande associação feminina que surgiu com projecto para educação das comunidades, dos maiores e intensos riscos à saúde pública que esta pandemia traz à sociedade. Lá vamos nós estudar a Saúde Sexual e Reprodutiva de Adolescentes e Jovens. Uma semana depois voltam à escola onze formados em matérias de saúde juvenil, quiçá para educar os demais alunos e professores da escola sobre as formas mais básicas e importantes para se prevenirem dos males que advém à pessoa, família, serviços e sociedade em geral quando alguém fica infectado pelo HIV. Na verdade esta infecção não pode ser considerada o fim da vida, mas há que ter em conta o aspecto psico-físico que o indivíduo pode tomar e a reacção que a sua comunidade pode mostrar. Não só, a prisão que esta epidemia representa é tão fatal mais que as quatro paredes que, paradas na cadeia de máxima segurança representam aos seus reclusos. Se o conhecimento for a capacidade de acção para a prevenção, defesa e mitigação deste mal, eu já estou pronto a me defender.

* * *

Sou chamado pelo chefe Bingo Ua Nhane para a conferência provincial da juventude, promovida pela direcção local deste pelouro. Esta reunião engloba muitos jovens que vêm como delegados dos distritos da província e alguns delegados a nível local, isto é, os citadinos muito influentes que a dado momento foram avisados do encontro sem eu saber mas devido a minha movimentação atrevida pela cidade e pelos pelouros de desenvolvimento juvenil e político, sou convidado de honra. Lá vou eu pedir permissão à minha *first lady* de modo a "gazetar" algumas aulas e me dirigir ao encontro. Chegado enfrente à minha senhora, com todo respeito apresento o assunto. Bem que ela sabe que nunca me ausentei com falsa causa, me cede a licença de saída e lá eu vou. Chegado ao local, quase todos delegados estavam presentes até o director e o presidium da reunião. Bem apresentado sou feito aos delegados como alguém mais importante do que eles. Na verdade não sou diferente porém, diferente porque sou inferior, sim.

Arranca o encontro e a linha de debates cinge-se às dificuldades enfrentadas pela camada jovem na província e na cidade como caso particular, por não se ter realizado uma conferência distrital a este nível. Muitos pontos de acordo e desacordo surgem e, de vez em quando eu intervenho com algumas palavras importantes que levam-me a ganhar ainda mais pontos deste senhor de etnia *copi* que a pouco tempo conheci e já granjeei muita simpatia dele. Ao fim, declara-se uma lista de problemas por se apresentar ao ministério para debate na altura do I Encontro Nacional da Juventude e mais, elegem-se delegados a esse encontro nacional a realizar-se em breve no Chókwè e, eleitos foram dez jovens da cidade e distritos, menos eu e os demais. Da lista de problemas constam: o desemprego juvenil, a falta de habitação, o Serviço Militar Obrigatório, a falta de faculdades para todos estudantes que concluem o ensino secundário – como eu, a dilacerante problemática de criminalidade e a pandemia do HIV/SIDA. Todos esses pontos foram minuciosamente discutidos em plenário e têm já algumas respostas a nível provincial faltando o debate e conclusão geral, isto é nacional.

Passam meses e chega o Agosto. As datas marcadas já se aproximam e todos jovens estão preparados para a partida, ainda bem que o ministério marcou o encontro numa semana de corte avaliativo no Sistema Nacional de Educação, nada de contraditório haveria quanto aos alunos e professores apesar de que terão que largar alguns momentos essenciais do trabalho classificativo. Eu nem me preocupo com isso pois não sou delegado eleito. Fico "curtindo" a minha actividade docente livremente sem temer a nenhum desencontro dos meus planos.

Hoje é terça-feira da semana antecedente ao IENJ. Acordo de manhã e sigo a minha rotina. Varro o quintal, lavo a loiça disponível e me coloco a preparar a minha saída à escola do Giporro e esperar pela minha senhora com orientações, porquê não dos alunos para colocar o pouco que já sei de régua e lápis? Chegado ao serviço faço tudo quanto planifiquei como também me dirijo ao meu Gabinete de Projectos que implantei ao largo do acesso principal aos gabinetes e salas da escola. Cumpro com todas obrigações diárias de um professor, semi-secretário e coordenador de projectos. O dia já se foi e, na hora de volta, recebo ainda no caminho, uma informação de um tal senhor de moto que procurou por minha casa a minha procura mas a senhora que me diz não tem mais palavras.

Afinal conseguiu chegar a casa esse senhor de *Yamaha 125*. Aqui encontrou a família quase reunida e deixou a notícia que me esperava:

– *Preciso do rapaz para participar no IENJ a realizar-se no Chókwè a partir da segunda-feira próxima mas a saída será já no sábado.* – esta foi a informação deixada.

Minha família não pôde responder, tendo recomendado que este ligasse para mim no dia seguinte após o encontro entre eu e Ghondor. À minha chegada a casa, recebo a notícia, que me deixa sem ar uma vez que não fui eleito aquando da conferência local. Sem delongas, tudo cabe a mim decidir e eu não quero perder esta *chance* de debater assuntos da nação, conhecer gente nova e terras novas. Ficamos assim combinados em família que sábado próximo eu vou a Chókwè.

Acordo na quarta-feira e me dirijo mais uma vez ao serviço. Aquí sim, recebo a chamada do Bingo Ua Nhane – *alô senhor Wumbua, tudo bem por aí?*

Ainda sem reconhecer a voz questiono – *bom dia, com quem falo, por favor?*

– *Aqui Bingo Ua Nhane da Juventude. Posso me encontrar com o senhor agora?*

– *Eu agora estou no serviço. Estou aqui na escola Giporro.*

– Muito bem, eu vou aí já.

Fico a espera por ele sem deixar de cumprir com meus deveres. Prometido é devido. Me chega e fala da minha ida ao encontro e tudo bem, o que falta é informar à *boss* mas logo que ela chegar farei saber da notícia. Assim o faço quando a vejo chegar. Sem dificuldades nem papo além papo, ela admite e começo a me preparar psicologicamente.

Na hora de partida despeço a todos e saio para o autocarro. Me sinto feliz e alegre em carregar as aspirações de milhares jovens sem que sejam eles a me eleger mas sim os meus préstimos à pátria que a todos viu nascer. Na verdade tanto faço para que meu país, meus colegas e amigos se sintam bem nesta porção de terra onde resido e sou natural.

Chegamos à Bilene e a recepção é calorosa. Daqui, esta manada de jovens hábeis acompanhar-nos-ão metro a metro até o destino final. Pois é, a cidade de Chókwè está a vista e nos sentimos emocionados ainda mais que já podemos trocar de autocarro para que a Unidade Nacional de Chitlhango se veja nos olhos inocentes de todos estes jovens – a seiva da nação de acordo com o Marshal Machel. Chegamos ao local de alojamento e tudo está preparado para que os jovens se sintam em casa mesmo depois destes quatrocentos quilómetros percorridos. Nada resta senão o descanso merecido.

Quando o domingo nasce, o sol desponta com raios não diferentes daqueles habituais lá na terra de onde venho, apenas um pouco de confusão na procura de coordenadas e descoberta dos quatro pontos cardeais e saber qual seria o caminho mais rápido daqui para casa. O dia é muito preenchido pela confirmação de inscrições dos delegados de todas províncias e a seguir rumamos para os pontos mais importantes desta cidade e distrito, sendo enfoque, a base étnica dos residentes da área onde se realizam as cerimónias de *kuphahla*. Em seguida vamos às zonas agrícolas aprender como os camponeses se viram na produção de arroz, mapira, milho, couve, tomate e outros produtos agrícolas. À tarde recolhemos com cabeças e vista cansados de tanto carregar coisas novas e quase distantes. Na pousada tudo é festa; miscilânia de culturas e idiomas resumidos no português que Da Gama deixou na baía dos *vbatonga*. Porém, contos, estórias, anedotas, adivinhas e história de cada um preenchem o universo das cabeças encontradas.

Conheci ontem camaradas vindas de Nampula, Zambézia, Gaza e Maputo, uma vez que estão na mesma camarata comigo. Após tanta piada e brincadeira recolhemos tendo já a agenda do dia seguinte e por consequência o primeiro das sessões.

Dito à certa, segunda-feira nasce do mesmo jeito que foi o domingo, diferindo apenas na movimentação das ruas pois os operários já se fazem à rua para os serviços, tanto que o grande Lebom leva a todos jovens interessados a uma marcha de ginástica para o dia seja produtivo. À hora de entrada, todos estamos prontos a apresentar os relatórios de cada província e começarem os acesos debates. Nada de novo há. Tudo já havia se debatido, faltando a tomada de medidas atinentes a sua correcção e certificação ou fortificação das boas acções. A meio deste trabalho, meu chefe me elege como representante da província na elaboração da Declaração Final e lá sou eu levado porém, durante os debates me evidencio na colocação de questões ligadas ao desenvolvimento cultural, político e social.

Uma semana termina com a sexta-feira reservada a divulgação preliminar desta carta e preparação de regresso às origens. Eu e meus colegas de viagem fazemos as compras possíveis e ficamos aguardando a chegada do carro que levar-nos-á de volta. Seis horas da manhã de sábado o autocarro fretado para o efeito atraca nas camaratas e recolhe cada um de nós. Não faltam abraços de despedida aos colegas e amigos tidos durante os dias do encontro. Não descartamos a hipótese de esquecer algo mas não podemos perder tempo. Saio com um lençol e um cobertor e levo para casa e, cinco horas mais tarde chegamos as casas. Encontro toda família reunida e alegre. O *hoyo-hoyo* ouve-se e vê-se nas caras de todos que se levantam e recebem as minhas encomendas: banana, tomate, cebola – comprados na Macia, mafura e castanha de *Wucopi* e a minha bagagem de roupa constituída por uma malinha e plástico comprado à hora de partida.

Já na segunda-feira a directora exige as novidades. Confesso que neste dia nada fiz senão estar com a *boss* a falar de tudo e todos enquanto pergunto algo sobre o Núcleo de Escritores que estava em criação e funcionava no gabinete dos projectos da escola. Não havia novidades apenas saudades que se aniquilavam com metralhadoras de gargalhadas que até fustigavam o decurso normal das aulas.

Um mês depois volta o *meu boss* da Juventude, agora a me falar de um encontro que juntará jovens artistas na capital do país como forma de materialização da Declaração de Final do IENJ. Como sempre, apresento a questão à directora mas desta vez não se mostra hábil em dispensar. Assim, o que fica fora de reputação é a minha integridade artística e o desenvolvimento cultural e social que mereço pois ainda sou miúdo que precisa de ensinamentos e auxílios por parte de todos intervenientes no processo de crescimento e criação de uma personalidade digna aliás, ainda estou construindo a minha personalidade, ainda não me conheço e nem tenho as linhas de orientação da minha vida futura por isso, se até a tarde de quinta-feira não oiço nenhuma carta de dispensa ao encontro, preparo meus haveres e coloco à disponibilidade dos meus instintos. Volto a colocar a questão à *boss* e ela continua sem dizer nada de positivo para mim. Numa altura em que nada pensava pois estava longe da escola, parto em direcção à terminal da carreira das onze e lá eu vou. Apanho o carro na companhia das duas companheiras minhas das quais uma artista plástica e outra poetisa, rumo à capital. Somos colocados a alojar num centro de formação de professores e no mesmo quarto eu e a Lola, quer dizer, um rato e gato juntos. Durmo por muito tempo mas não me contenho de desejo e com prazer à vista, lanço-me a pedir pelos préstimos sexuais dela. Educada, não me deixa cair no abismo, preserva sua castidade e não enevereda pelo meu caminho apesar de tantos choros para ela, ao avesso, ela me aconselha a vê-la como irmã nua num beco sem saída. Por fim entendo e me coloco a dormir meu sono mentido para meus próprios olhos. Porquê mentir para mim mesmo? A verdade é que a desejo, mas não consigo convencê-la e um ladrão me acaba tirando o dia nos olhos ficando tudo noite. Na manhã cedo de sábado somos acordados para ginástica e pequeno-almoço, já de hábito acordar cedo, nada me assusta e realizo todas tarefas de limpeza corporal na mais tranquila liberdade. Findo o pequeno-almoço, somos carregados de volta ao centro de debates e aqui já nos encontramos com jovens das três ou quatro províncias do nosso sul. Os debates são tão acesos que por fim decidimos colocar uma muralha numa das paredes da instituição que fica na avenida Filipe Samuel Magaia. Recolhemos à dormida com o plano do dia seguinte. Como tal, o dia acorda feliz para a distribuição dos diplomas de participação e bilhetes para as viagens de volta às origens. Feliz anda o processo apesar de alguns constrangimentos na locomoção aqui dentro da cidade. Volto para casa contente por mais uma participação a bem da minha juventude e cultura. Já na segunda-feira encontro a minha *boss* bem chateada que em nada quer trocar qualquer palavra comigo pois a tinha desrespeitado e mesmo com os pedidos de perdão apresentados, nada lhe é convincente explicando-se de que para cada Homem e para cada momento há só uma tarefa.

Se preferi a ida ao encontro na sexta-feira é porque não tinha aulas senão uns trabalhos que deixei-os prontos. O erro foi a falta de carta de pedido oficial de minha dispensa àquela movimentação?

Capítulo VII – O INGRESSO

Manda-me recolher tudo e nada que há no gabinete de projectos incluindo sua dissolução. Larga é a lamentação dos meus colaboradores mas em nada vale. Muito menos a literatura a comove. Nada e nada mesmo; fico por fora de um processo que me valeu o devido reconhecimento mas que o seu correspondente incremento é grande inimigo ao trabalho e aos responsáveis mas aqui, a directora é injusta apesar do meu erro.

– Senhora, ainda não se perdoa desta desfeita? Saiba que te guardarei no meu íntimo sem remorsos muito menos embalar no coração, alguma raiva de ti; sinto que esta decisão foi importante para nós dois: não ficas com lixo quando é necessário limpar, nem eu perco tempo ficando para chocar ovos de ganso enquanto sou pato cheio de cobiça a tudo que existe. Não sei mas sinto que a vida me reserva mais momentos e talvez melhores que as pacatas sobras de felicidade e alegria.

Sou apanhado sem pensar, por ofertas dessas migalhas de alegria que recebo dos donos das vorazes forças sobrenaturais, apenas porque se fazem detentores de mordomias que os *dzinguluvi* enquanto marchantes nesta terra culpada por ser negra, produziram as maneiras mais ímpias de pensar. Talvez o *halakavuma* não os informara de um futuro que não poderiam ver como o é este presente.

Eles não tiveram história (?). Claro que não perspectivaram os momentos vindos; apenas viveram o seu presente naquelas palhotas de *macute* arrumado à véspera de protecção contra as celestes intempéries que os fustigassem. Foram enganados pela presença permanente dos bons momentos que passavam após uma boa colheita ou uma caçada. Mas não pensaram mesmo. Nem sabiam que *sicolonyi* reinariam a pátria que não a conheciam apesar de ser sua; aqui onde vivera o grande Ngungunhana reinando as terras do *Gaza-nkulu* mas logo após a sua captura o *Ka Gaza* passou a integrar uma parte desta ex-Província ultramarina. Foram enganados sim pelos bons panos e persianas que iam recebendo dos árabes e hindus do Oriente e para eles "todo Homem que aparecesse com pele diferente" da sua, com cabelos brilhantes de tanta queimadura e cozedura pelas chuvas que lhes surpreendiam ao atravessarem o Pacífico e Índico, seria de confiar porque seria dono de grandes riquezas e fortunas intermináveis. Que vergonha! Estes homens vinham armados a fim de destruir tudo e todos que constituíssem barreira aos seus macabros negócios de descobrimentos além-mar. Ocidente era tão sedento de riquezas que eles próprios destruíram em guerras inacabadas. Seria o africano a substituir tudo o que fora e não mais o é. Que lástima!

Sua chegada foi gloriosa pois se abria mais um termo de negócios aos *ndunas, nganakanas,* régulos e demais homens que viviam o trono daquela época, infelizmente não imaginavam que tal força levar-lhes-ia as populações ao *xibalo* e que na falta de homens na aldeia seriam pegues os próprios filhos e por azar, eles mesmos. Será que não chovia na altura para que halakavuma descesse e lhes informasse do infortúnio? Será que se tinham esquecido de *dzisolo*? Não havia voz de *mhamba-nkulo* para dialogar com os defuntos e estes chamar-lhes atenção? Era apenas um momento de tudo encerrado em cabeças nobres que se tornaram vagas de nada pensar e, em tudo obter soluções para o presente de riquezas mal tidas. Enfim...

Por entre guerras e desinformação, os Orientais liberaram os portos onde atracavam seus barcos e puseram-se a localizar outras zonas onde seu negócio crescesse deixando meu povo a "Deus dará", que foi fatal. Talvez por esse Deus ser sempre branco, dessa vez estava aliado a homens seus semelhantes. Foram benditos por nascerem em terras distantes e que em nada valia tentar obter a cor deles pois nunca seria possível.

* * *

Sua presença neste mundo preto resultou em muita coisa que até hoje não conheço na plenitude. Houve tanta gente sobressaltando aquando da tentativa de destapar a verdade que os trazia mas, homens ricos e espertos, já haviam atacado a memória dos povos colocando muita fortuna temporária aos *mais-mais* para que nada falassem e muito melhor explorarem aliás, nem o próprio *nduna* já não tinha palavras no interior de suas fronteiras cabendo-lhe escutar, cumprir e/ou executar as ordens do patrão português. Qualquer homem da área que mal falasse desses brancos servia de exemplo de *gibobo*, xicote, xibalo, até deportação para terras desconhecidas com o plano de nunca mais voltar a pisar a terra que vera nascer. Esse sim, era o colono educando o preto malcriado só porque as culturas não aceitavam a mistura. Branco com seu Deus branco vivendo nas alturas e que só com oração é que se falavam enquanto o negro com seu *xicuembo* todo protector e vivendo no *ndumba* vedado pela palha, argila e panos de diversas cores e tonalidades, bastasse a sua procura, seria suficiente a entrada na cubata com *mpupu* e *tom-tom-tom*, *phahla-hamba* e prontos, tudo ficava resolvido. Não sei porquê os meus antepassados deixaram de lutar por si usando os poderes do seu *xicuembo* tão próximo a eles mesmo.

A vida virou um hábito por ninguém antes sabido. O mundo negro passou a saber o *bê-á-bá* que os portugueses traziam para a terra. Ninguém sabia ler nem escrever mas pela necessidade de escrivães nas grandes quintas, companhias e escritórios dos senhores padres, pretos sem calçado foram obrigados e deixarem de trabalhar em suas machambas com os pais e dedicarem-se à aprendizagem de uma língua que nunca conheceram. Assim, todo o mundo se fazia português à força tanto quanto os escravos eram levados para os navios negreiros, levados a navegar milhares de milhas marítimas e sem ver terra, sem banho e nem tão pouco de higiene, pena para as mulheres que lhes aparecia o fluído vermelho do meio das coxas em plena viagem e sem nada para se cobrirem, deixando à deriva de todos homens e mulheres, um espectáculo natural e plenamente inibido de assistência nem pelo próprio marido.

Séculos passaram e a educação foi se transformando a cada dia. Com a independência passou a obrigação intimamente nossa e assim muitos também iam se formando até que chegou esta vez que é minha. Meu primeiro dia de livros foi um ponto de alegria para muita gente mas não sei porquê. Fui estudando até hoje que estou me lançando ao supérfluo ambiente dos que querem saber mais, também quero saber muito. Aqui as coisas não são fáceis e precisam de alguma força para monitorar. Quem ir-me-á ajudar? Ghondor existe mas não é o tudo necessário porém, sem nada ele tomará as rédeas.

Me inscrevo para o exame de ingresso ao superior, tanto que é o sonho plasmado na minha cara e da minha família. Realizo o exame que o acho tão simples e que tenho a certeza de ingresso imediato ao outro nível porém, deixo uma margem de dúvida quanto ao meu resultado e prefiro não me deixar de mãos cruzadas. Sem muito pensar no resultado voo à terra que me viu começar o *"a, e, i, o, u"* mas desta vez para instruir meus irmãos, sobrinhos e estranhos. Na educação são todos alunos e professores e nada mais. Para trás não deixo a minha capacidade masculina muito menos a minha honra de família humilde mas estudiosa. Contudo, o que me levou a esta paragem é o trabalho e não a força de aquisição de posses que mostrem a minha masculinidade por isso, envergo pela abstinência para que não misture as coisas. Prefiro assim muito mais que, ainda não tenho nada para dar aos possíveis bebés que possam existir dessas relações mal paradas.

Por corredores da vila já reabilitada da guerra, todos vão admirando meus poderes e força em voltar a casa trabalhar com os que como eu querem saber mais, mesmo que seja por obrigação dos pais. O sector pedagógico ainda continua com aquelas pessoas que deixei à minha saída. Na direcção ainda está este homem dito homem – com uma altura visivelmente boa, cara com aquela clareza de pele notória a boa distância para além dos braços bem afeiçoados e uma voz ensurdecedora quando chama atenção, isto é, voz de alguém que é homem para defender e se defender de qualquer infortúnio nas redondezas das suas propriedades (ele é um director de verdade) e a novidade é que existe agora uma biblioteca e lá trabalha uma menina de corpo fino, com partes invisíveis a espreitarem pelas janelas de suas vestes e deixando transparecer uma força feminina escondida por entre os músculos pouco visíveis e que sempre os trata com muita paciência para que mostrem pela pele a sua rigidez, poder, macieza e frescura da pele muito à cor de chocolate.

Ela se envolve num manto de castidade pela dor que a castiga por dentro pois a volta de cinco anos, um Palucho que nem me preocupo em conhecê-lo, a fizera presa de seus dotes lexicais para lhe emitir palavras impossíveis de ouvir e, na óptica desta *mamana*, deixou-se levar com todas promessas e rios de dinheiro que na véspera corriam em sua direcção. O papá não quis perder tempo com vãs promessas de futuro casamento para procriarem-se. Levou-a de mulher e lá zás, emitiu seus poderes masculinos e introduziu sua semente genética numa terra tão fértil, tendo colhido após nove meses, uma menina linda, caída à cor de pele da mãe e alegre por fora como ela mesmo. A mãe moldara uma criatura tangível ao pai mas com um espírito e pintura à própria cor.

Enquanto eu me instalo neste ambiente em que ela trabalha, vou me envolvendo dos grandes poderes que tenho já a alguns anos atrás: lendo muitos livros de escritores brasileiros e portugueses, aliás, conheci António Aleixo com o seu livro *"Este Livro Que Vos Deixo"* na Biblioteca Provincial. Aqui brincava todos dias a ler livros de todos literários menos romances mesmo os do meu belo país. Na pequena biblioteca escolar me cruzo com homens e mulheres de todas idades, cores, *status* e níveis a partir do director, colegas, aprendizes e ajudantes no processo. Enquanto me espanto com tanta candidatura de pessoas ao domínio de línguas, ciência e técnica, notícias do mundo e algumas intervenções na área de revistas, me leva a não querer ficar por todo tempo lá por dentro da biblioteca.

– *Aqui não posso, enquanto fico sozinho* – refilo diante da Landa – *fico no meio de aprendizes que só me provocam barulho e nada aprendo.*

Landa não me deixa de olho pois vê em mim um grande amigo capaz de apagar algumas poucas mas más lembranças que terá daqui a mais adiante quando sair desta vila – conta-me que já foi pedida em namoro por mais colegas que me foram anteriores na chegada a esta paragem, tantos que alguns são tão menores em palavras, ínfimos em capacidades individuais e mesmo os que passam os dias de folga e alguns de trabalho ingerindo o álcool produzido nos *mapipa* dos residentes locais e ainda o que vem lá das fábrica da capital e outros do estrangeiro. Eu faço muito pouco do que ela detesta para além de que levo grande vantagem por ser membro da mesma ceita que ela segue. Assim eu fico com muitas chances de me aliar a seus sentimentos e emoções, ainda mais que está desamparada porque o pai da filha não lhe passa o devido alento que sempre desejou desde que descobriu que mulher se sente melhor ao lado de um homem porém, uma lei natural não passa por mero ditado que nem sempre o escritor pode acertar; nesta ocasião, perder foi o destino de Landa que tudo deixou atrás, preferindo deixar também a menininha alegre em casa da sua irmã mais velha que vive a cidade mais próxima onde sempre que é possível passa os fins-de-semana ao lado dela ou em vezes contáveis, a menina vem passar uns dias com a mãe.

Landa vive no espaço interior da instituição, em barracas que os aprendizes constroem para os funcionários vindos de locais distantes daqui. Ela vive solitária mas de vez em quando se encontra com Emília – sua colega de chegada a este início do mundo onde estamos e, a Milena – uma americana e instrutora de língua Inglesa que chegou ao país a favor da missão do Corpo da Paz (uma ONG que trabalha no âmbito de educação e manutenção de paz). É com Milena que Landa se sente mais a vontade apesar de ter algumas lacunas, para não dizer muitas na língua estrangeira que esta cooperante lecciona, elas ficam dias a fio, fins-de-semana e noites cheias conversando em *poringlês* pois nem uma nem outra sabem falar a língua da outra, na pior das situações seria um silêncio total porque não haveria comunicação lógica entre as duas; felizmente, a minha chegada facilita um pouco a troca de palavras com uma tradução mal feita mas dita com erros péssimos que só eu posso me corrigir porque, já disse: as duas são nulas nas duas línguas e assim eu ganho mais espaço e aceitação.

Com as poucas oportunidades que me deparo em cruzar os caminhos que ela usa dentro do recinto, muito faço para mostrar a meia distância o que existe no meu âmago pois não tenho grande força para abordá-la porque sei que é irmã em Deus, tem uma filha numa ilusão feita por um homem igual a mim, já negou o cortejo de colegas que antes de mim propuseram-na, enfim há muitos pressupostos que me colocam atrás das condições de concorrência mas não quero me desnortear do homem que vive em mim.

À primeira visita que faço à biblioteca, sinto-me aquecido apesar de ser um dia ainda miúdo, uma manhã ainda a despontar da noite mal e bem dormida devido ao cansaço que senti ontem, para além dos chuviscos que desceram das alturas Divinas. Naquelas chapas da casa de Mico, o calor nem se sentiu nessa noite pois Deus assim quis.

Por motivos nada bem explicados, Landa me mete e esconde-me no interior da biblioteca e arranja maneiras de me ver lá por muito e mais tempo com o objectivo de tomar um chá bem quente de palavras doces dentre as novidades da cidade onde tenho passado os fins-de-semana, as belas horas que tenho passado fora da vila, os momentos mais aconchegantes que lidero no átrio da instituição, a beleza de moças e velhas nocturnas que sempre passam altos tempos aprendendo do que já tenho na cabeça, enfim... um mar de estórias que ela pretende colher da minha boca sem ter antes plantado suas origens, todavia, nada tenho a dizer antes que me faça um questionário cheio de medo e ou receio de quê (?), não sei. Mas ela faz perguntas menos descabidas pois vejo na sua boca o fumo de uma vontade extrema de arrancar todas, todas expressões que encham o seu estômago informativo. Infelizmente nem tudo que almeja tem a sorte de alcançar senão um par de olhos olhando-a de baixo ao alto querendo, estas, indagar *o quanto tu és mulher para o nosso dono?"* e consigo perceber que minha presença neste momento lhe incomoda e pretendo me afastar da sua presença mas, forte, toma minha mão com uma algema de seus dedos com o polegar a me subir pela veia superior. Sinto que não estou capaz de me soltar mas não por falta de força, é mais pelo respeito que tenho por ela e o receio de alguém dos que estão no recinto perceba os movimentos negatórios que faço contra o seu braço. Finalmente arranjo uma saída e peço para ir ao trabalho. Logo após o tempo lectivo reservado procuro apanhar um mar de palavras que lha encarcerem no meu ritmo de presunção mas sou pobre em palavras apesar de ser já um escritor reclamado por meus pobres textos poéticos que servem de queixume das paupérrimas condições que passam os meus concidadãos.

De vezes, poucas vezes mesmo que tenho mais chances de olhá-la sinto que estou preparado para falar-lhe dos meus planos mas não posso e, quando já é sexta-feira, tenho que trabalhar e me recolher à cidade para acertar todos pendentes na Giporro.

Quando aqui chego, encontro a minha directora que tanto estima os meus préstimos e sinto que ela ainda precisa de mim a tempo inteiro apesar de me ter varrido desta acção quando voltei da capital com Loló e Zazá, contudo eu continuo o mesmo menino bem comportado mas devido ao afastamento e desmantelamento do gabinete onde trabalhava antes da minha ida a Mpfumo, sinto-me revoltado e que nada mais me interessa aqui senão continuar leccionando normalmente tanto quanto fora o meu primeiro pedido. A directora me examina à distância com um espírito acusador de quem mais não quer trabalhar ou que tenha se achado injustiçado sem causa. Justa causa sim tive mas devido ao facto de ser uma escola particular não foi possível seguir os trâmites legais que partem da repreensão verbal, escrita ou pública, cabendo-a apenas a decisão única de me despedir só por ter saído as dez horas da sexta-feira. Ela se sente culpada mas eu não quero fazê-la sentir isso, razão na qual ainda estou aqui ensinando aos que reprovaram no ano transacto e os recém-matriculados mas, tenho na cabeça qualquer maneira de me fazer afastar deste estabelecimento o mais rápido possível porque sinto muita raiva desta que já foi em mim, um ícone de trabalho, humanismo e beleza de mulher. Apesar de tanto horror que entra pelos olhos, passeia em minhas veias e me envenena os miolos cobertos por esta carapinha adquirida na hereditariedade da família, minha cara não se inclina ao sentimento de orgulho porém, sinto muita culpa pelo que fiz ao "fugir" para apanhar o carro e rumar à capital para participar naquele pequeno festival cultural dos jovens da região Sul de Moçambique. A verdade é que o mundo não tem um só ponto de encontro muito menos de pensar, há vários pontos de vista quando se procura o certo para cada justificação. A directora já me pede para voltar a restabelecer o meu gabinete de projectos na escola mas sem papas na língua respondo não estar livre, isto é, incapacitado uma vez que trabalho noutro estabelecimento e desta vez, público, continuando aqui só para incrementar o pobre salário que desde o início venho auferindo. Nem quero me recordar que à minha chegada neste estabelecimento, recebia apenas pelas duas turmas que correspondiam a quatro aulas semanais e claro, com a fórmula aplicada nada me vinha ao fim do mês senão uma vaga quantia de cento e dezoito mil meticais na antiga família do dinheiro moçambicano. Isso não dava para fazer nada senão a sorte de criar uma prática de ensino que nunca tive como aprendizagem mas somente como uma monitorização de turmas minhas colegas e que pela simples entrega às aulas e muito domínio, o professor gostara de minha capacidade e me colocou como seu ajudante. Trabalhei bem e me fiz vulgarmente conhecido tanto nas turmas quanto na direcção valendo um segundo lugar no quadro de honra.

Me sinto hoje mais forte para abordar a Landa em meu pensamento. Quando entro ao posto dela de serviço, lhe encontro empenhada no trabalho. Pergunto o quanto foi passado fim-de-semana e por bem ela me diz que foi às mil maravilhas ainda mais conseguiu levar a americana à nossa igreja o que lhe valeu muitos aplausos pelos pais e irmãos pois seria complicado enfrentar alguém com aquele *status* sociopolítico e económico porém, a insólita coragem mostrada merece uma sumptuosa acusação de valência e poderio contra o diabo que nunca deu-se o luxo de descansar antes que a luz de Jerusalém ilumine aos filhos de Israel.

Ela me olha com ar sem palavras, traduzindo um "sim" que não se pode ouvir muito menos fazer sentir que ela também desejava. – *Não sei o que te dizer, espere que o tempo responderá por mim* – balbucia por entre duas estantes que encontrei-a limpando e que continua o fazendo. Estou tão arrependido por tanta mania e coragem tida para enfrentá-la de frente: – *Gostaria de te falar o que meu íntimo diz... sabe o que é?*

– Não, como posso saber o que tens por dentro: só num minúsculo compartimento que vivem teus segredos? Nada posso destapar nesse espaço proibidíssimo de acessar – me diz num mar de ternura e culpa contra mim por não ser directo ao objectivo. Sem delongas chuto um pontapé cheio de palavras falhadas por entre dentes já apodrecidos pela nudez que nesta região me assolou a quase dez anos a passar. – *Eu gosto de ti Landa, gostaria de te namorar.* O cortejo começou a bastante tempo e nem um de nós queria se fazer nem deixar levar pela tentação de cairmos aos beijos e abraços profundos neste apartamento. E ela ainda quer manter esta castidade ferida pelo tempo, ela nem eu somos anjos celestes, já provámos a putrefacção mundana e carregamos dentro de nós o nojo dos tempos que só Deus sabe de onde vêm e para onde vão. Carrego o lixo que embainha minha vara que só eu vejo quanto à minha vontade, cabendo a qualquer uma desejada, a sorte de passear sua classe de sedução ao fundo de minhas intimidades. Ela leva já o fruto de alguma daquelas noites que sentiu prazer em mãos do tal fulano, levita que ao passar pelo ferido de Jericó, desviou e rumou além mesmo sabendo que dele é a nódoa que sujou esta minha

pretendida. Desta história sei, aliás, ela mesmo já me contou durante esses primeiros dias que estivemos em balbucios e sempre foi clara, aberta e descontraída com a situação, não se sente diferente do mundo que a rodeia porque leva uma vida de maravilhas sem tanta alegria porém, nunca fica igualmente abatida com os dizeres e *paqueras* dos outros colegas, tendo se engatado no meu velho papo sem parágrafo nem nova linha.

Ainda em papos com ela, na maior tentativa de arrancar uma resposta imediata da sua boca, recebo uma mensagem do Ganito que está na cidade estudando, enquanto eu já o fiz. Tento entender as palavras que vêm bem sublinhadas na minha velha 5110 oferecido por meu irmão. Volto a reler a informação e não me dou por escrupuloso à tentação de saltar. Sem dó de minhas pernas me lanço ao ar e volto ainda bem firme sobre a terra, não me magoo nem crio escândalo ao lugar, sinto-me sem forças para continuar pensando no que o dia me reserva muito menos agora na resposta rústica que ela poderia me fazer ouvir. Consulto o crédito e vejo que posso falar mais um pouco e resolvo então pedir mais esclarecimentos em torno da notícia confusa mas, caso seja real, uma bomba atómica explodirá no meu íntimo e nos corações da família; bomba atómica sim, não a de Hiroshima nem Nagasaki mas, uma contagiante satisfação e alegria a pairar pelas ruas da cidade. Pois é, toda cidade sabe um pouco de minha pessoa, quem não me conhece é quem não o deseja. Já fiz parte desse Guitsangue Amélia Dásse, escrevi e declamei por palcos públicos, participei de vários programas radiofónicos espalhando o meu português mal falado mas, mastigando e tirando palavras alegres que espelhavam a vontade cega de um mal vivido miúdo sem simples áurea de um futuro alegre. Na Rádio ia mais pela fama que me vinha a cada programa participado e mais comentários se somavam ao vulcão que rompia as montanhas dos donos da cidade. Eu, campesino moleque nascido por baixo de luzes artificiais encarnadas e mortais, nada me espera neste mundo porém, a ousadia e majestosa luta pela existência permanente numa face terrestre estranha, me comovem a encarar o vazio pela concentração de pontos negros em plano totalmente branco. O mundo se transformou até que cheguei a esta fase na qual quase me despeço de mim mesmo.

Esqueci algo de mim e vou voando à capital para continuar estudando. Já me sinto já na sala de aulas da faculdade (?), vendo e falando com os doutores que começam a ganhar feições assustadoras e preguiçosas ao leccionar porém, na minha imaginação e só minha. Enfim, o mundo entra num apocalipse adiantado restando como sobrevivente só eu, não vejo mais ninguém e tudo a meu redor é nada. O tempo e espaço deixam de andar e passo a contar meus passos como uma demora insuportável. Vejo que o tempo que me separa daqui à cidade é uma infinidade de momentos de que não eu posso passar, filho cassula de uma família pobre e que por vontade Divina estudaria para dignificar a honra dos pais sempre lutadores pela causa nobre que é a educação. Ganito está em linha e corresponde a minha chamada: – *Parabéns doutor* – dedica me esta honra antes de nos encontrarmos, bem que só palavras são mais que a vista. Sinto-me ainda mais confuso mas firme das palavras que acaba de me dizer na sua última mensagem enviada por telemóvel. A minha mente não me manda agradecer o elogio mas sim duvidar das palavras:

– *Será que é verdade o que acaba de me informar?* – questiono, atónito. Sem delongas ele remata com um "sim" muito vivo dentro do meu ouvido bem enconstado ao auscultador do *"cell"*. Com uma credualidade ainda meio verde, retribuo as alegres palavras mas, uma vez que não temos a mesma sorte, cabe-me o *"muito obrigado meu irmão"* – falo silenciosa e abertamente. Resta-me agora correr ao sítio onde as listas estão coladas: naquela escola onde concluí o nível médio. Mas antes de pegar o autocarro sinto a necessidade de ligar ao Ghondor para dar a boa nova. Quando mando o *bip* ele corresponde de imediato mas com um ar de intriga e irritação talvez porque se encontra ocupado pelo serviço e que não esperasse por nenhuma chamada neste instante.

– *Mais velho, acabo de receber uma mensagem de Ganito a referir que o resultado às faculdades saíram e eu estou aprovado, tenho acesso ao curso superior de Arte* – acuso Ganito pela informação prestada e não quero ser eu a levar pela mentira de não ter admitido de verdade mas, de dúvida pouco tenho, uma vez que nunca tive grandes papos furados com o moço. Levo esperança de um parabéns avolumado pela emoção que nascerá na família quando tomar conhecimento do grande acontecimento, mas isso não me interrompe de divulgar aos que é possível fazer. Ghondor me manda viajar à cidade porém, este já era meu plano logo após a recepção da primeira notícia.

Em menos de trinta minutos já estava na cidade, parecendo que o motorista sabia da minha grande preocupação em muito mais cedo chegar ao ponto alto da minha felicidade. Não me admira a lista de resultados e logo vou à procura dos "W" para ver Wumbua Wu Khade. Confirmo, me emociono, me prende a vontade de querer saltar de alegria e satisfação: páro, olho para as caras de alguns que foram meus colegas de carteira e que tendo concorridos com ou contra mim no acesso ao superior, eles já estão sem pernas nem boca porque não admitiram. Neles nasce uma cólera acrescentada pela falta de condições que vêm em mim em detrimento dos ricassos que eles são e dignos pelo desenvolvimento académico para dilatar mais as riquezas de que são desde a nascença.

Capítulo VIII – AMOR MUITO DESEJADO

A verdade é uma, eu vou e alguns deles ficam em terra sem palavras para me despedir porque estão mesmo feridos pela incapacidade provada em papel que esteve a nossa frente e que todos lemos. Saio correndo para casa, para além de confirmar a novidade. Nada mais me resta senão levar o Ghondor para me matricular e dar os primeiros passos à minha integração nesse novo mundo tanto desconhecido por mim. Já sou estudante.

A minha chegada nesta terra dos *valungu* que já não existem como reis mas sim como parte integrante da nossa cultura africana, muita coisa se torna novidade para os olhos de um moleque recém-chegado a uma terra totalmente estranha. Lá na minha terra me dizia dono de todas avenidas, carreiros e até cicatrizes que a colonização deixara. Me sinto fora de um mundo praticamente vivido por vorazes homens que não querem saber de alguém que tenha algo que eles não a tenham. Quero dizer, nada de ter o que outros não tenham ou pior, não devia haver alegria em todos os que não enveredassem pelas más condutas que esta cidade dá ou dava aos seus viventes – disso fui bem treinado. Vim sabendo que esses malfeitores caçavam tudo menos o que ninguém considera como propriedade valiosa. Era uma fase que eu deveria encarar como o princípio de uma nova vida dentro do Universo.

Porém, quando as minhas manobras de reconhecimento do terreno começam, começo logo a entender que nem tudo o dito é a verdade absoluta mas sim, uma chamada de atenção para qualquer aspecto derradeiro que me pudesse acontecer a dado instante. Entendo que minha presença neste mundo não está deitada ao acaso pelos fracassos dos que a tempos tentaram viver e não conseguiram, sinto que o mundo é constituído não apenas por migalhas de tristezas e alegrias mas sim por um vasto leque de palavras que têm significados totalmente diferentes, enfim, um Universo feito por nossas próprias falhas e que em nada se difere com as cores que Newton separou no seu vidro de cristal formando o arco-íris artificial. Será que também terei essa sorte?

As aulas começam e eu sempre empenhado em fazer ver que vim estudar e não brincar; mostrar ao mundo que sou filho de pais pobres e camponeses mas far-lhes-ei descansar da vergonha que passam ao ver outros filhos bem-nascidos a crescerem felizes no meio de grandes piscinas de brinquedos, sumos, jardins, parques, praias, etc. Minha batalha é tirar o dilema da família. Os demais deverão sentir ódio pela extrema viragem que farei por toda Magilave, minha terra. Esta terra me viu nascer naquela época que o BA já começava a atacar para matar. Nasci cuidado por minha mãe, hoje já cansada pelas épocas mas ainda forte em seus trabalhos e atalhos e sem marido, muitas *masingalagadzi* e muitos *madota*. Mulheres me embalavam em capulanas que nunca vi e jamais verei e os homens procuravam sempre o melhor para me esconderem das vermelhas serpentes que riscavam o céu naquelas noites que os felinos humanos atacavam a aldeia. Fui crescendo de mão em mão, castigando minha velha – sem querer nem saber – irmãos e tios, manas e tias, avós e vizinhos. Sem saber nem perceber era obrigado a calar dos choros nocturnos – que porcaria desses *matsangas matadores,* será que lhes mereço consideração? Nunca e mesmo à minha frente mando-lhes à cova do inferno.

Queimando solas descoradas de tanto sol que pragueja meus primeiros momentos nesta cidade, vou conhecendo tantos bairros urbanos e suburbanos, vou aprendendo que distrito não é só aquele que existe lá na minha terra mas até aquí dentro da grande cidade existem distritos que nem consigo distinguir porque não vejo sua sede se distanciando da vivência geral dos citadinos. Aqui tudo é igual, ministério aqui, direcção nacional aí, gabinete acolá, escolas tantas e incontáveis a partir de públicas até as privadas com e sem licença, isto é, uma imundície arrumada por avenidas e galgalhos de pés famintos em querer chegar aos seus postos de trabalho.

Eu não vou a serviço nenhum mas o querer vencer a pobreza que me aflige o peito e família, me faz galgar carreiros desconcentrados e nos que nem um alfinete passa pela enchente de gente que anda em direcções desencontradas. Por vezes tenho que me acotovelar com homens e mulheres de todas idades para alcançar o pacato objectivo de me enfiar no *vrum-vrum* do machimbombo e me dirigir a faculdade. Esta fica a escassos duzentos metros da paragem, daí que quando desço, nada e em nenhuma parte piso senão correr em direcção à sala pois a qualquer altura o *Audi A8* pode aparecer a todo vapor e me deixar ainda a caminho e por consequência, caso isso aconteça, perco as primeiras aulas. Tanto ouvia falar da liberdade e complexidade que a Universidade representa mas não tinha ainda me familiarizado com este comportamento dos tais docentes que só aparecem para falar e nada ditam, muito menos darem actividades práticas na sala de aulas, apenas falam, falam, falam e deixam alguma bibliografia patente no quadro de modo que em grupo ou individualmente os estudantes se preocupem em pesquisar e apresentar na aula seguinte a matéria tratada hoje. Isto não é fácil nem difícil bastando apenas ter tempo de ir à cantina da Igreja aí vizinha falar com Sandra e Regina para nos servir uma chávena de leite com folhas de chá e açúcar castanho. Isto se torna minha rotina: sair de casa com uma chávena de chá no estômago, percorrer três quilómetros a pé até alcançar a paragem onde o autocarro não me espera mas sim devo lutar para que este me carregue muito cedo, ao meio dia só me reservo ao direito de tomar mais uma chávena de chá mal feita mas que me sacia a barriga faminta de conhecimento e comida.

Os primeiros dias são assim por mais de um ano e meio. Não só pela faculdade, no bairro vou me calcando na busca de muito conhecimento dos *becos* usados pelos nativos deste bairro que a pouco era uma cidade só dos donos mas as cheias do ano 2000 criaram sua habitabilidade ficando cheia de gente vinda dos escombros de água gulosa que nada deixou ao usar valas criadas pela própria natureza, aliás, da natureza nasce e cresce tudo: Homem, animais, plantas, caminhos, lua, sol e mais... e esses caminhos, neste bairro, me interessa o seu domínio efectivo para que sejam um amor de verdade vivido entre eu e eles. São caminhos mal arrumados por Deus (?) mas levam quem quer aonde deseja andar porém, carrego no fundo da minha vontade a revolta de considerá-los semelhantes àqueles que deixei na minha terra natal: carreiros que fendam as densas matas que nem são florestas mas simples conjuntos de árvores crescidas sem intervenção do Homem mas, apenas conheço umas duas matas sagradas à tradição dos que acham-se ainda donos de seus domínios mundanos.

Também me considero dono dos cantos sempre andados sem inconsequência das épocas que vivo; sei apenas que o mundo tem todos riscos a atravessar: de paz, alegria, saúde, doença, infestos e mais... mas não me deixo derrotar pela palavra "destino" que a meu ver traz preguiça aos tantos fiéis a Deus e seus corações. Começo a dar voltas pelos caminhos desfalecidos e carregados de paciência e humor, alegria e paz de estar envolvendo-me na mania de conhecer coisas novas e deleitadas por minhas próprias manias.

Pela caminhada conheço também pessoas novas que nunca pensei em ver em minha vida: homens de barbas gordas e colonizadoras, feições destruídas pela força e paixão de beber e beber muito mais o *tom-tom-tom, ximovana, xilalassana, wucanhi* e outras que ainda não sei, mulheres cansadas de muita carne transbordando de suas vestes que igualmente não aguentam o peso bruto e líquido dos corpos de suas donas, essas senhoras que de manhã até a noite dão voltas à busca de mais ideias acerca dos novos residentes do bairro dos quais um e muito recém-chegado sou eu. Elas me conotam de rico com seus olhos acusadores e me derretem o corpo com suas panelas ocultas e só por elas vistas na manobra da noite – "suas feiticeiras"; jovens que já são velhos nas adegas enferrujadas só de fumo espraguejado sem dó à natureza. Bebem em latas Coca-Cola cortadas só para esse fim, não as lavam e nem sabem quem tem que doença contagiosa pelo uso comum de utensílios... são porcos que não sabem que o são. Vivem felizes em não poder diferenciar a verdade sobre seus momentos de crescimento, procriação, velhice, etc., não dormindo à hora da necessidade e acordando muito menos à hora que muitos estão repousando seus mordomados corpos enfadados e suados de tanto cansaço só sentido na individualidade – que horror; meninas encolhidas nas suas brincadeiras de *mbenga* colocada ao chão para moer os poucos cereais apanhados ontem pelo papá ou mamã na baixa do rio Lalúzi que passa mesmo por aqui perto, meninas mesmo preparadas para corresponder as ansiedades dos futuros maridos para além de dar luz à crianças que não sofrerão circuncisão pois a tradição julga que assim se cresce e envelhece uma vez que *"não se pode enterrar nenhum pedaço do corpo antes que o resto morra"* embora a medicina defenda tudo diferente pois vale mais muita saúde do que um mito meramente tradicional. São crianças com boças estomacais bem esticadas pela falta momentânea de alimentação, andando sem o mínimo de limpeza pessoal em suas mãos que de árvore em árvore vão recolhendo os *macanhi* e consumindo-as sem lavar, aliás, levando a imundície das mãos e dos macanhi para as pequenas bocas com e sem dono. Quando me vêm um quanto mais limpo me devoram com seus olhos ávidos de tanta paciência de reconhecer pessoas novas na comunidade, assim é a fase infantil.

Nesta minha caminhada de hoje deparo-me com mais pessoas e uma delas é Menia. De longe começo a encarar seus limites e o transparecer de sua saia desenhando uma sombra pelas esguias pernas que sobressaem da cobertura daquela saia de linha e pano branco como forro. Vem em direcção contrária à minha e por conseguinte nosso encontro está prestes a acontecer. Vem com olhos desconhecidos e confundidos entre olhar a mim ou continuar a viagem perdida. Olha a volta e não acha nenhum carreiro próximo para que possa me evitar. Uma tentativa vaga pois nada lhe aparece quanto sonhou e passo a passo vamos nos aproximando. Zás – minha cara a menos de um metro com ela, envio uma saudação afrouxada pois ainda não tenho muito hábito acerca das pessoas desta cidade nem província e tenho medo de me meter em sarilhos que me levem a histórias indagáveis na família pois trago apenas um objectivo nesta cidade – levar meu diploma de doutor à casa porém, esse objectivo não é só da família, pelo reverso, é mais meu do que deles. Conseguirei? Porquê não? Sou homenzinho mas carrego no peito a marca aflorada pelas caminhadas cozidas, vestidas e gastas na grande rua que une minha pequena povoação à vila onde fui aluno e transformador de mentes; mais que pude enfrentar as grandes batalhas do forte inverno que nem é, forte verão que é mais extremo de primavera nos momentos mais quentes. Aquelas boleias que tivemos no *Mazda* branco, o *Ford* tractor azul da *empresa*, o cansado *Bedford* de cabine azul e carroçaria de madeira já cansada pela guerra que suportou, tantos quilómetros percorridos durante três anos sôfregos que nenhum sossego me deram senão uma batalha mais a travar neste mundo muito diferente.

Menia me contempla com ar desconfiado de uma paixonite à primeira vista: "*por favor, tenha calma e mais calma porque pode ser um engano, eu não sou a própria presa de que tanto estás a procura, aliás, lá na terra deixaste uma mulher esperando por tua volta pior ainda que não foste homem para ela, te espera com tanta dor que nem pensou que partirias antes de declarares teu poder, a tua masculinidade. Ela te espera dentro do apartamento onde trabalha, tu sabes que ela te liga todos dias. Todos dias conversam tanto que até te esqueces por momentos de pensar que estás na minha terra para estudar. Por ela, tu alimentas todas forças, espírito e esperanças de voltar encontrá-la solteiríssima quanto deixaste e ela assim está mesmo para tí*". Meus olhos pensam mais do que penso mas, nada ela já fez porque ainda não abriu a boca nem mexer o lábio para mim, só mais tarde corresponde com um olá mal passado.

– *Posso acompanhá-la?*

– *Como me podes acompanhar se vais para a minha origem?* – me responde com um ar de desprezo pela ousadia mal pensada porque na verdade vamos pelo mesmo caminho mas destinos completamente divergentes. Me percorre todo corpo com uma intimidação mal fundamentada pois vê que estou apenas tentando a sorte de ela me responder, talvez me aceite em uma relação de pouca duração. Limito-me a enviar a ela o meu pedido silencioso de namoro mas não entende, porquê? Claro que não seria possível uma resposta sem pergunta.

Enquanto nos passamos tento reduzir o cumprimento do passo para que ela compreenda o objectivo que almejo. Sem mais demora, interpelo suas palavras mudas de grande desprezo – *Achas que não posso voltar, a convite de uma bonitona que és?*

– Está bem, se achas que vais comigo, vamos! O tempo a gastar e a desprogramação é todo teu. É só pegar ou largar – me carrega com sua força de assanhado orgulho feminino.

Uma companhia é o resultado que fica arquivado nas hostes do mundo que começo a viver com Menia apesar de tamanha ignorância e arrogância que, na minha força e dever masculino de nada perder em brincadeira, vou destruindo todas barreiras que me coloca pois o sonho de perde-la é o último inferno e o maior pesadelo que posso carregar e levar à cama por toda noite. Nada me leva a crer que o mundo que penetro agora é tão complicado ou difícil de navegar; é uma atmosfera que não existe neste globo terrestre mas que na verdade não entendo muito menos me entendo dentro das minhas fraquezas, acho que tudo é a meu jeito e ninguém é mais forte como eu – ainda que, me disseram que as mulheres daqui fazem tudo pela riqueza ou pobreza de quem cruza seu caminho, daí que nada me convence na tanta ginga que apresenta sem mesmo levantar suas *sentadeiras* não bem cheias – nada de especial ela tem. É uma moça dos seus próximos dezanove anos e pelos vistos é bem preocupada com a educação, vejo nela um futuro escondido pelas entranhas de sua boca não pintada apesar de um incolor passado pelos lábios para que não se quebrem de tanta tempestade que sopra a tudo e todos neste mês de Agosto. Vejo que ela está entregue num pensamento que não me quer relatar pois, ainda não temos muito tempo de conversa e levamos ainda o medo de soprar palavras fúteis como a sombra descabida de um fantasma atrasado na recolha infernal e negra da noite, ficando por varrer à língua os passos misteriosos que seus familiares túrgidos pelo pecado e pela negritude e magia africana fornicada sem descendência pela cultura que Da Gama levara de seus mundos fragmentados de ansiedade louca e ávida de percorrer incontáveis milhas *linenánicas* e vomitou por aqui.

Sem palavras lancinantes, tarde a iniciar, miudagem correndo sem paragem, carros invisíveis cruzando nosso carreiro farto de areal sujo pelos restos macabros das folhas de cajueiro e canhoeiro, por cada passo levanta voo uma pomba que na minha ideia não tem rumo, busco num futuro ainda sem presente, um romance extasiante pois seus alicerces nascerão daqui a algum momento pois, já me vou afincando na procura desse tempo vindouro – *vives aonde? Uma vez que já me desviei do meu rumo, posso de levar até teu destino?*

Numa revolta invisível, sinto-a cercada de nervos como um apartamento perdido e sem higiene andando por lá ratos de todas dimensões e baratas escutadoras de tudo que Homem mal parido ouve sem nenhuma boca falar. Resta-me escutar a palavra medrontosa que num acaso pode sair desta boca que tanto almejo tocá-la.

– *Meu nome é Wumbua e tú, posso conhecer-te o nome?*

– *É muito simples. Sabes que género biológico tenho, nós somos diferentes: tu és homem e eu, mulher e, nesta minha idade sou menina.*

– *Por acaso "menina" já foi nome que se considere ou pelo qual se identifique alguém?*

Este bula-bula leva-nos muita distância e que a tarde vai se tornando mais intensa chamando pela noite sem nos apercebermos e, finalmente, a escassos metros de sua casa me puxa pela mão e sinto algo se igualando aos meus órgãos sensoriais: são duas linhas paralelas, fofas de natureza, macias pelo sul-africano e *mentólico zam-buk* que provavelmente tenha sido comprado a alguma *mukherista* porque na praça não tem a venda aliás, tem sim mas nas grandes lojas onde só pisam os endinheirados homens da nossa pobre política; os dedos também macios deslizam por minhas costas crivadas de cicatrizes que recordam serpenteadas, florescidas e nascidas pelo *lipitso* que me acompanhava nos momentos de erro ou falha que por nada era respeitada em matéria de direitos humanos; o maior beijo já feito após minha retirada da terra minha de nascença; logo após o tanto chupão do pescoço, orelhas, lábios e até dedos das mãos – num sonho ainda não dormido – desperto e vejo que a escuridão tomou conta da zona onde nos encontramos, não só, todo bairro, cidade, país e região está coberta pela noite e me vejo na ordem de recolher para casa. É agora que me confessa o nome – *Menia é meu nome, não estudo, tenho um filho, trabalho e vivo sozinha na casa de meus pais porém, eles têm vindo visitar-me. Tenho vinte anos e tu?*

– *Agora conto já vinte e dois anos.*

***

Dois dias passam após nosso primeiro beijo. Ela chega a minha casa e sem entrar quintal adentro, me manda um sinal pedindo que eu saísse. Saio e ela está próximo à entrada e, nada me espanta pois, carrega em si, a emoção de voltar a me ver saudável e quiçá, amoroso. – *Daqui temos que sair, minha prima está em casa e pensa em sair e não quero que nos veja.* – falo isto e percebo que ela está apreensiva pelas minhas palavras no que não quer acreditar que seja prima mas sim, uma esposa que está escondida lá no quintal e eu não quero que ela veja senão suscitem rumores e mesmo uma barulheira no bairro. O caso não foi de facto a seu agrado mas, o que fazer? Nada. O mundo não é todo dominado por mim nem por ela. Porém, dentro de explicações reais, acaba entrando na minha trincheira e recolhe-se das suas façanhas de mulher potente e capaz.

Levo um remorso por trás da orelha. Quando saí me informaram, agora vejo a indiferença desta(s) mulher(es) na minha frente, ela não se importa com nada do mundo proibitivo que levo em conta; começo de facto a me mordiscar no que poderei fazer para me livrar de uma paixão ainda muito nova na qual coloquei a coroa de primeira a me conquistar a alma.

Saímos e seguimos carreiros tortos que o bairro tem e fico sem saber onde vamos pois ela conhece melhor o bairro do que eu. – *Vai vender-me? Entregar-me à família? Apresentar-me nas amigas?* – tenho um jogo de perguntas que não tenho resposta na minha pobre cabeça que veio na capital para aumentar o conhecimento e não para perder-se no mundo das saias do além. Muitas verdades e mentiras se instalam na cabeça oca, procuro maneiras de parar de pensar, paro de conversar abertamente, ela descobre-me, me questiona o porquê dessa paragem, me tenta lançar no seu mundo de fantasias semi-eróticas, um beijo mal feito surge daqueles lábios que ainda os desejo sentir, penso muitas vezes no que fazer para me desligar mas, um minuto é muito para ela me beijar e tanto para me livrar deste pequeno pesadelo. A noite vai caindo e perdemo-nos cada vez mais nos becos que o bairro vizinho tem.

Longe de pensar, somos interpelados por quatro homens que não sei vêm de onde, aliás, uma esquina cobriu-os da minha visão que apesar de andar controlando qualquer movimento, a estes não conseguiu atingir a momento de recuar e tomar novas forças de luta. Uma faísca atravessa meus olhos: vem de uma lanterna pequena de quase dez milímetros de diâmetro e, numa voz passiva e pacífica me pede a identificação. Tendo tudo o necessário a tempo de me identificar, coloco minha mão no bolso traseiro e procuro pela carteira. Uma verdade não me vem na hora de saber que tipo de pessoas se trata, meio nervoso, muito escuro, ambiente de becos e esquinas, após a pergunta de dois elementos do grupo aparecem mais dois e estes não vêm para brincar mas, perguntam em vozes agudas e em coro: – *Vão para onde esta noite? Dá dinheiro e telefone.*

Aqui já me surge a ideia de assalto mas a consciência me nega a rendição, recuso no meio de palavras frias e medonhas – *não temos nada aqui senão as carteiras.* Estas palavras transformam-se num pecado que me merece uma coronhada de pistola de calibre que nunca conheci e que sucessivas e várias vezes é colocada a carregar. Sinto um toque pesado sobre a testa e fico momentaneamente sem pensar. A dor é incisiva e não perdoa a cabeça que já vinha batendo desde o dia anterior. Ganho nervosismo vindo de um misto de medo, por mim, da pessoa que está comigo, receio de morte e arrependimento de andar a estas horas da noite depois de tantas chamadas de atenção em medida contrária. Vejo em instantes dois dos meliantes arrancando das orelhas os brincos artísticos que Menia traz e que comprara num desses dias que foi a Tetres a busca do medicamento que não conheço. Soube apenas, antes do assalto, que ela tem sempre ido a essa terra estranha levantar um medicamento totalmente líquido que lhe serve para uma doença esquisita que ainda não conheço. Após a ausência dos brincos das suas orelhas, correm agora para a bolsa de coroché que traz pendurada no pescoço e que devido ao comprimento de sua pega, a pasta fica na posição de joelhos. O palhaço do assaltante puxa a bolsa sem desejo de arrancar, apenas levar o que nela vem colocado. Enquanto isso, outros dois me apertam a cara e me mandam levantar as mãos e logo a seguir me revistam de cima a baixo. Do bolso traseiro das minhas calças de pano já antigas, com pintura a preto e branco tendo tiras viradas na vertical, me tiram a carteira que contém algumas notas já inúteis mas lá colocadas como arquivo pessoal para futuras recordações, após decorrer muitos anos de vida. Mais abaixo vão procurando a posição dos bolsos laterais a procura de mais bens. Pela antiguidade da moda que a calça representa, os bolsos laterais têm abertura rente à costura e tem uma profundidade que, para mim, baixinho que sou, termina a escassos milímetros do tornozelo. Praticamente nada mais conseguem tirar, e a fúria da maior procura destes dias – o telemóvel – não apanhado, levanta os cabelos dispostos à florestas densas lá do norte e enraivecem-se mais. Longe de pensar, um dos malucos de cabeça desaperta o cinto das calças, igualmente começa a desabotoar as *jeans* de Menia. Uma força interior me nasce, desejando pular e derrotar o homem que quer embrenhar-se nesta mulher que mesmo eu ainda não a tive por mulher. Não só, mandam também a mim que tire as calças o mais rápido possível. Querem tomar a nós dois por mulher? Chamo por todos deuses mortos e vivos para que tomem conta de seu filho desencontrado com os regulamentos dados à saída de casa, rezo tanto e, pela primeira vez, ganho coragem e palavra: *"mano, o que querem afinal, me desculpem estar aqui"*.

– *Nada disso, tire as calças!* – me ordena com um ar de leopardo após perder uma presa já na boca. Enquanto me domina para ganhar a posição para seus intentos, desce a mão à borda das calças e lá sente uma pedra lhe tocando o braço e pergunta *"o que e isto? Ah! Você tem telefone? Tira isso já"*.

Logo que os amigos ouvem a falar do telemóvel param e procuram se aproximar de mim. Sem demoras, tomam o celular e mandam Menia: *"sai daqui já e a correr, não olha para trás"*. O mesmo é feito comigo e, pé em riste, coloco-me a voar pelo carreiro invisível que acho por perto. Lá mais enfrente, vai Menia correndo mas com olhos virados a mim minha situação neste momento. Quando a alcanço, ela vem correndo para meus braços com um aperto fundo e totalmente colado. Sinto seu pulsar numa velocidade de quebrar plantas. Procuramos por melhores caminhos duplamente conhecidos para que possa acompanhá-la. Mais a frente, vou seguindo até que, à porta de sua casa, deixo-lha para entrar. Sem demora e teimosia sigo a caminhada que acho mais limpa c segura e galgo a rua que carrega luz à minha terra, com velocidade incrível em direcção à casa.

Todos de casa me olham com ar de questionamento pois vêm na minha cara, um caroço que possivelmente esteja a crescer de segundo para o outro. É o resultado de batida bem forte daquela arma que não sei se funcionava ou não. Todos se aglomeram à minha volta e sem mais demoras, reporto o acontecimento de há poucos minutos atrás. Me sinto nervoso e nem posso revelar as verdades pois não dissera a que distância estaria após minha partida de casa. Me pedem calma e garra. Contra todos ladrões declaro guerra pois nunca pensei passar por uma situação semelhante.

***

Passam nove horas. Eu deveria estar rezando agora mas o melhor que acho é ficar em casa e velar pela dor de cabeça que sinto já a três dias e, doutro lado, embalar com mãos caducas e cansadas de coçar sítios impróprios, delas fazer o pano mais límpido de que a natureza dispõe e, buscar nas fazendas do meu ser, algo que me possa diminuir a dor piorada pela coronhada da pistola.

Em instantes aparecem-me vizinhos. Estes vêm com perguntas que nunca sonhei em responder neste dia de hoje pois agora estaria sobre o Divino Altar glorificando o meu Deus vivo. Se não fui a igreja, devo corresponder a todas visitas. Me questionam mesmo sem ser juízes nem juízas: *onde aconteceu isto? Quantos eram? O que é que traziam? Ah... que pena, deixaram-te com a carteira? Etc.*

Sem muito papo devido as dores, nada respondo com clareza uma vez que a verdade estava apenas na boca de

Deus, eu e Menia. A chuva de interrogatórios continua mais e, as respostas só o sol me nega esclarecer, aliás, a humidade é muito elevada e pouca quantidade de calor já é irritante, assim que de todas perguntas feitas, dadas foram as respostas mas muito mal pensadas porque levava em mim: a dor, a mentira, o pensamento do que poderia acontecer com Menia diante dos pais e sem esperança de recuperar meu telefone.

Todavia, o domingo amanheceu forte mas, calmo. Eu aqui, um pouco ressentindo e gemendo de dores, me cabe a chance de dar informação aos irmãos que também me viriam visitar. Mas como fazer se não tenho telefone e nenhum contacto desses *brothers*? Nada posso fazer. Mas há muitas alternativas. Se de todas mentiras ditas entra um nome muito conhecido aqui em casa, porquê não posso enviar Samis entregar a encomenda oral a Muza Ussá? Claro, boa ideia. Sem demora, mando as palavras escritas em letra bem legível na testa e peito de Samis e ele lá vai como a pomba mensageira dos tempos de guerra ou dos antigos castelos e grandes guerrilheiros ocidentais. A história da pomba branca mensageira nem sempre foi uma saga porém, tem se tratado de variadíssimas formas, uma das quais vem no *"Irmãos Coração de Leão"* – uma história eufórica e heróica que acontece numa determinada região em que Tengil reina com todo poder forçado e, quem ousar desobedecê-lo é lançado à caverna de Katla, uma grande serpente que finamente morreu nas mãos do irmão mais velho após tanto período de batalha sangrenta em que a pombinha branca levava de um lado para o outro, as mensagens de uma comunidade que se vê separada devido a este distúrbio. Pomba branca sim, conseguia reconhecer as alas inimigas e corria em hora certa para o lugar certo, sem desconfiança ou vista dos negros mantos e cavalos que levavam os soldados carrascos de Tengil. Samis é a minha pomba e eu, estive ontem nas mãos de Katla apesar de ver as colinas e cachoeira de Carmaniaca – terra de alento mas difícil de entrar devido a tantas barreiras do inimigo.

Ainda deitado na cama, oiço vozes lá de fora. Falam uma linguagem que mais ninguém de casa possa corresponder e toda gente sabe que essa gente vem a minha procura, vem visitar-me. Saio, dou dois passos a frente dos irmãos e vejo em seus olhos, lágrimas que ficam presas até antes das pestanas, lamentam a dor que sinto, ficam sem telefones e sem nenhuma comunicação, perdem documentos de identificação, ficam nus e não sabem mais nada para fazer. Enfim, sentem todo o furor que eu sinto desde aquele minuto que me foi tirado o melhor que tinha. Fico diante deles e me saúdam. As questões voltam a me soar nos ouvidos já meio surdos devido a dor e alguma pancada que não senti ontem ao levar mas hoje sinto as marcas de um assalto num beco e às escuras.

– *Agora é para valer meus irmãos, se alguém sofrer um roubo e apanhar o ladrão, me avisem que eu vou tratar dele. Dói-me batante o que fui feito ontem a noite pois, apenas faltou me enfiarem os 'borogodós' impiedosamene.*

– *Essa não é solução para esse tipo de problemas, acalme-se e comece sua vida estudantil e espiritual da melhor maneira, deixe de lado o ódio e ira que nada bem fazem. Ainda mais, tú és um homem que crê em Cristo, já se foram os tempos de Moisés quando se pagava "olho por olho e dente por dente". Se o teu inimigo te der chapada numa das bochechas, dá-lhe a outra para que repita o acto e por fim peça desculpas a ele* – diz Cristo filho unigénito de Deus Omnipotente – assim falam os meus irmãos e crentes em Deus. Me alentam e me chamam atenção das próximas vezes que eu voltar a andar a horas tardias como no dia anterior. Mas a verdade não sabem, eu não disse e nunca mais direi. Ela está nas bocas de Deus, eu e Menia.

Após a saída dos *brothers* volto ao quarto mas para me arrumar para melhor me alojar de fora. A tentativa não resulta. Volto a me deitar na cama. Daqui do quarto oiço instantaneamente uma voz feminina não tanto reconhecível. Pergunta por mim à Naquís. Perplexa, passeia seus pensamentos e procura ver se encontra alguém daquelas avenidas nervosas que tivesse aparência com esta presente em sua face. Nada, nem perdida a qualquer dia, muito menos que tenha pisado algures em simultâneo com ela, nada, nada e nada. Leva alguns trinta segundos a puxar pela memória dos mortos vivos para alcançar um descanso ou alguma explicação de quem seria aquela menina escura, de dentes lisos, boca cheia e bem preenchida, cara esculpida com aquela colher que várias vezes vira com o pai talhando *sivango* das palmeiras para que delas retire a *sura* desejada. Nem uma nem outra semelhança. No desespero de sua mente questiona:

– *Quem és?*

Efusiva, sem rasto de medo nem receio – *sou amiga de Wumbua. Ele está? Bem?*

Na cabeça de Naquís vem mais uma complicação e em voz baixinha – *esta pergunta não vem por acaso. Será que ela sabe de algo que ocorreu ontem? Nada posso dizer.* E, levantando a voz diz agora "*Wumbua está sim mas está doente, ele está no quarto*".

Sem tardar, Menia invade a porta do quarto onde me encontro e me pergunta o quanto estava naquele devido instante. – *Estou mal, minha cabeça dói-me tanto e não consigo fazer nada. Não fui a igreja e quase ainda não acordei.*

– *Que pena meu amor!* - vem ela com lamentações fantasmas porém, sinto-me agradecido porque ela carrega alguma força interior sobre mim, pelos vistos ela me ama.

Será verdade ou mais uma das tantas artimanhas que se fala destas mulheres? Prefiro acreditar que me ame de verdade senão me sentirei mais doente, assim contando com ela, as dores parecem menos sentidas apesar de trazer nada importante nas mãos, aliás, leva num plástico negro, mangas arrancadas no grande mangueiral que o pai detém.

Após tanto tempo de estadia e conversas comigo, sai do quarto e pede à Naquís para dar-lhe algum trabalho a realizar como forma de complementar a visita feita mesmo entrando nesta casa pela primeira vez. Ela se sente próximo da liberdade de fazer-se nora de uma família ainda não conhecida apesar de saber da existência de todos esses personagens que compõem a novela familiar. Naquis não oferece nenhum trabalho a ela, pelo contrário, faz o esforço de embalá-la mais como membro de família e sentir-se mais importante.

São quase cinco horas da tarde de verão. – *Amor, já é tarde e tenho que ir a casa.* – Menia pede permissão com um ar de respeito e submissão às minhas ordens. Mas, sem nenhum 'contra' a ela, apenas aceito a despedida esperando por ela em mais um dia porém, espero pelo amanhecer amanhã para pegar caminho à universidade.

Mais um fim-de-semana chega e ela já me visitou na terça e quinta-feira. Nada de especial teve porque não me encontrava por muito tempo senão uma vista de alguns minutos mas sendo já tarde, tinha que acompanhá-la mas não pelos carreiros locais, correndo mais para a busca de uma viatura para se dirigir a casa. Mas hoje, sábado, nada de impedimento ocorre. Depois dos ensaios estou em casa e sem muito tempo de espera me aparece Menia com muita vontade para o pecado.

Capítulo IX – MAMAAAA.....NÔ!

À hora tanto esperada revela o que traz como bagagem: um filho e uma doença que não sabe o que é pois, vírus de imunodeficiência humana não tem, tuberculose também não mas está sempre enferma. Sinto um gelo a percorrer meu peito.

Passados alguns meses, Menia desaparece dos encontros marcados e nunca mais a vejo. Onde andas Menia? Ninguém me responde... Procuro ver o que mundo me mostra como recurso para uma vida feliz ao lado de alguém mas é complicado. A política não me dá coragem para enfrentar a zona de residência e muito menos forças para me recompor.

Em Maombé há grande movimentação. Hoje vem o camarada Governador da Província. Toda gente do distrito está movimentada nos preparativos da grande cerimónia de *hoyo-hoyo* ao grande homem da província. Ainda bem que é a primeira vez que pisa estas terras já livres do jugo colonial que apesar de tantas terras cultivadas, nada o povo tinha para consumo pois só trabalhava para pagar o imposto de palhota que por vezes era subsidiado por grandes descontos ou mesmo cobrança de salários que o governo português fazia a todos *madjoni-djoni* que saíam da sua terra natal com o medo de penúria e grande devastação do *xibalo*. Alguns recordam-se de tantas palmadas que recebiam na circunscrição ou mesmo no posto administrativo caso não pudesse pagar o tributo ao dono da terra que ocupavam e pelo não pagamento do tal imposto, que era obrigatório para todo cidadão negro, logo que atingisse feições físicas de capacidade de trabalho nas grandes plantações. Recorda-me vovô Jó Manel das grandes caçadas que mesmo numa era de proibição de escravatura, andava o sipaio de casa em casa procurando destapar os esconderijos de jovens capazes de trabalhar mas que, por azar do destino, não tivessem condição nenhuma para os devidos pagamentos e consequente aquisição da caderneta indígena. Nestas ocasiões, o único e fatídico remédio ao imposto era a plantação nas machambas dos senhores Da Silva e Maurício Farinha.

João Gomes da Silva era um grande agricultor que sabia do campo pois para ele bastava ter os grandes terrenos baldios (à moda colonial). Ocupava por machambas onde plantava milho, café, cana sacarina e mais culturas de rendimento lá na metrópole. Ele veio numa destas excursões de ocupação e domínio efectivo desta província ultramarina que foi Moçambique. Ao chegar no porto de Lourenço Marques, fora recebido efusivamente pelo motorista do seu falecido tio Pedro Castanha, talvez porque comercializava muita amêndoa desta cultura e que precisara um herdeiro para suas firmas pois nada de filho quis fazer com as pobres negras que, bastava *"montar"* por um dia, já mandava vir outra e nunca mais pretendia ver a anterior à sua frente, aliás, quem sabe se de verdade tio Castanha não teve filhos? A verdade é que a vergonha de apresentar um filho mulato, feito com uma descalça negra, vencia mais seu espírito paternal, mandando à *merda* qualquer hipótese de as "mulheres de um dia" poderem voltar com a gravidez e indiciá-lo com a devida responsabilização.

Coitado dos pais das filhas molestadas que para além de render homenagem à bruta acção perpetrada pelo patrão, tinham a conta de assumir uma criança que não pertencesse ao clã e que tivesse uma cor diferente e de grande valor em relação à negra mas que mesmo assim seria rebaixada pelo povo da cor da luz pura. Mesmo sabendo dos pecados que Castanha cometia nesses adultérios que só a cor da pele defendia, mandava a força os que deviam ser seus sogros a exercer as actividades mais duras que as machambas mandavam. Será que os pais destas mães sem marido gostavam do comportamento do "genro"? Não! *"Quem manda nestas terras sou eu. Quem não me presta trabalho, envio directamente ao cárcere fatal – a deportação às Ilhas de São-Tomé e Príncipe, Cabo Verde, Angola ou Brasil para nunca mais voltar a ver sua família".*

Da Silva fora recebido com grande entusiasmo pelo tio. Fora apresentado aos grandes homens de negócio da grande cidade de Lourenço Marques e à alta burguesia colonial. Foram semanas e meses de grande, muita e cansativa aprendizagem do trabalho, garra, arrogância, demência e cinismo do tio em relação ao povo oprimido e sofredor na terra deixada pelos antepassados.

Após a morte do tio, Silva passou a zelar por todas lojas onde comprava castanha de caju e em sacos bem grandes empacotava e de imediato enviava para as fábricas de processamento, rendendo quase o quinto do que gastava para aquisição e transporte que na verdade nada pagava pois tinha uma frota já deixada pelo tio, para além do comboio que levava a mercadoria sempre que fosse necessário, a preço de casa. Foi ocupando muitas terras esquivando-se de pontos de compra do produto e por fim, tomara as mesmas para as grandes plantações de milho, amendoim e demais.

Porém, Farinha era homem meio humilde que de forma contrária chegou das Ilhas Madeira enviado pelo instinto de riqueza que na altura se falava bastante nas terras lusas, com o alto desejo de ser senhor dos negros pois *"eles nada sabem, senão o trabalho forçado e a negação à aprendizagem"* – tratando-se de gente sem cultura, com cor, sem história, enfim, animais de porte semelhante ao "nosso". Veio parar aqui em Maumbé vindo do porto de Lourenço Marques onde a dois anos havia desembarcado no grande paquete "O Veleiro de Santa Mónica". Carregava na sua maleta uns escudos doados pelo velho pai que despediu lá da Metrópole e uns jogos de roupa que usava sempre que necessário. Aquando da sua chegada, nada fez senão apresentar-se na Administração e deter de todos direitos que homens brancos tinham sobre os indígenas moçambicanos e de facto, começar a mandá-los.

Passou o tempo e, no seu alojamento alugado na Pensão Mart'Ana, foi recebendo propostas de seus conterrâneos que o queriam ver já dono das terras que seus pais não conhecem. Num belo dia, de passeio com seu grande amigo de batalha, que já se instalara em Moçambique a seis anos, veio a conhecer esta terra rica em zonas férteis onde pudesse implantar as bases de desenvolvimento de suas economias. Quem sabe um dia poderia reembolsar o sacrificado dinheiro que recebera do pai? E porquê não enviar-lhe boas somas como resposta e confirmação de tal almejada riqueza junto à família? Aí sim, o dia vinha. Para Maumbé enviou todos insumos necessários para implantar grandes machambas de arroz, sisal, algodão e gergelim, para não falar de tanto gado que nos últimos dias enchia vários currais pessoais ou ainda com os pobres camponeses que levavam a responsabilidade de criarem para por fim ganhar apenas tripas e restos de patas de tais peças quando mortas.

Ao contrário do Silva, Fernando Farinha era levado pelo espírito de sacrifício no qual cresceu nas Madeiras onde na companhia dos pais e irmãos, batalharam noite e dia para adquirir alguns haveres com os quais se identificam em casa. Ao chegar a Maumbé não se esqueceu de dar uma olhada de compaixão aos velhos e crianças que muitas vezes mal-nutridos, dava semanalmente um pequeno cabaz por pessoa como forma de diminuir encargos aos respectivos encarregados sociais e assim, podê-los explorar mais e melhor sem tantas lamentações.

Casou-se com a filha do advogado Morais Lemos o qual lhe ofereceu de prenda a camioneta que passou a usar nas suas investidas de recolha de mercadoria para enviar, como o Silva, às respectivas fábricas de processamento. Com a dona Ana Carmona Lemos nenhum filho puderam gerar e, na felicidade do casal, nenhum dos dois atribuía culpa a ninguém pois ambos eram já letrados e entendiam algo de genética apesar da falta certeira de que lado o erro biológico residia. Foi assim que dona Ana, comovida pela grande vontade e satisfação de ajuda ao próximo, amor e dedicação incondicional às crianças e espírito de educação, criou o pequeno Centro Infantário e Educativo de Maumbé.

Assim ela realizava um sonho constante e dignificante pois, apesar de ser da raça sem cor de pele, as poucas crianças brancas, mulatas e tantas negras eram colocadas no mesmo quintal, separando apenas as condições mais supremas para que não infrinja o maior desejo das grandes autoridades colonias de divisão total e irrevogável das três raças, contudo os mulatos levavam vantagem acima dos negros totalmente de barrigas inchadas de xima mal feita por exiguidade de tempo dos pais. Grandes debates suscitou esta situação e quase Farinha perdia sua dignidade perante a camada minoritária colonial porém, grande foi a coragem do casal em defender seus interesses perante o povo de que se servia para a produção uma vez que – *quero que os filhos não preocupem as mães e pais para que estes façam um trabalho mais intenso em tempo necessário* – assim ripostava dona Ana perante as contraditórias chamadas de atenção face à mistura de raças e cores que frequentavam a escolinha.

Foi no Centro Infantário e Educativo de Maumbé que Nassoti Naene Matine deu conta do *"a, e, i, o, u"* nas primeiras canções que aprendia a entoar em português – língua do oceano. Aprendeu a conhecer e reconhecer uma mentira verdadeira pela qual *"vossas mães estão lá no campo trabalhando e vocês aqui cantam na língua dos brancos para que se tornem também brancos"* – dona Ana mentia à criançada para assim cativá-los mais a voltar nos dias subsequentes, apesar de algumas terem que cuidar dos deveres familiares e tomarem conta do trajecto dos mais novos (homens) para o CIEM da dona Ana. Para além da convicção tradicional que rapariga só serve para aprender a cumprir com os deveres de casa para não envergonhar os pais no seu futuro lar. Os pais também não deixavam as garrotas aproximarem-se da escolinha porém, outro aspecto residia no medo da dona Ana, de adultério que Farinha poderia submeter-se ao ver aquelas negras *sujas e mal vestidas* mas que ostentam uma pele de apreciar.

Aos nove anos Nassoti é levado para o ensino rudimentar. Com muita facilidade consegue aprender a matéria que já vinha tendo noções de língua nas canções que entoava no CIEM a três anos atrás. E assim foi progredindo e, com tanto sacrifício conseguiu a quarta classe rudimentar, aí parou.

Enquanto ele servia como escriturário na administração local, lá nas matas da Tanzânia a Frente de Libertação de Moçambique embarcava com a grande luta dos dez anos que acabou ganha pelos Acordos de Lusaka e que dava Independência total e completa do país da marrabenta, timbila, nyau, zore, canhú, etc. Enquanto isto, Nassoti casara com senhora Marta com a qual tivera até a data apenas um filho fruto de muito amor e entendimento mútuo. Após a independência, foram nascendo outros e a família era feliz e enorme.

O 8 de Março não o atingiu negativamente porém, foi um ponto de satisfação para ele uma vez que passou a responder pelo cargo de senhor Administrador do Distrito, cargo que o recebeu de mãos abertas e gloriosas, jurando trabalhar com ensejo a bem da independência, fazendo apagar as mágoas que restaram nas mãos e mentes do povo, da era colonial. Foi trabalhando bem mas, como de hábito, um cargo político significa muita atenção dos populares e liberdade de trânsito dentro da área jurisdicional, o administrador Nassoti não se conteve numa dessas visitas realizadas ao Posto Administrativo de Nsalene, tendo apreciado uma donzela vinte anos mais nova que ele mas, como rei da terra, nada o detinha de manifestar seus interesses e, na noite passada lá, recebeu a companhia da menina e, da mesma noite impregnou-se uma criatura até então não havida, sentida e nem conhecida.

Nove meses passaram e a menina Naé nascia das coxas cheias da mamã Jarda Nya Sivbale. Esguia, de corpo fino e sem diferença com a raça masculina, foi ela crescendo nos braços ampliados da vovô Amina que dia e noite permanecia acordada para cuidar da bebé não obstante o senhor Administrador não ter recusado a paternidade da filha como forma de reconfirmar a sua masculinidade perante seu povo e daí, dar força ao repovoamento da terra após tanto massacre que o colono fizera. É verdade que Naé nasceu num dia que só a mãe e a *sungukati* conhecem pois, muita tinta rolou para seu reconhecimento oficial.

Nascera numa data devidamente registada em todos aspectos técnicos da altura – a guerra ainda vinha lá do norte como o grande *ngondho* bem patrocinada pelos regimes do *apartheid* e de *Ian Smith* simplesmente para colocar dois irmãos em tréguas na sua própria casa. Seu registo foi totalmente danificado e negado – por culpa do destino, quando Naé passou para casa do grande administrador, este não queria nada a ver com as palavras que Jarda dizia. Afinal não fora sua amada? Era sim. Mas com a grande mulher e dona de marido que juntos residiam em Maumbé em nenhum momento chegaram a viver juntos e usufruir das beldades que o amor dá quando se vive em par e daí discutir e crer nas palavras que Jarda dizia sobre a natalidade da filha. Pois que Jarda em Nsalene, Nassoti vivia com a família já meio bastada em Maumbé tendo este levado a filha *para dar a educação do pai e colocá-la no ambiente dos irmãos* – assim se justificou Nassoti perante os parentes da pobre Jarda que teve seu primeiro homem graças à visita.

Naé era já crente aos três anos quando sua avó, mãe e parte da família da mãe converteram-se ao cristianismo da *The New Apostolic Church of Jerusalem* mas, passando a viver com o pai, na distância que mantinha com a mãe e as ordens que seus *avôs* comandavam, esteve submissa às ordens do pai que, por nada queria ouvir deste "Deus na testa da pessoa" pois fora baptizado, crismado e realizado seu casamento católico, daí que sua vida estava entregue à fé do *Senhor Padre*. Naé, menor que era, nada tinha a fazer senão cumprir com as ordens. Deixou um caminho e tomou outro. Durante muito tempo se deu bem, conhecendo pessoas maravilhosas, homens engraçados, realizou peregrinações que para além da fé em Deus, criava outra fé em alguém que a tinha cativado mas pela idade ainda muito reduzida, nada podia fazer às clareiras, ficando o resto à responsabilidade da noite e da escuridão.

Foi em Maumbé que começou com a escolarização e tanto lutou para concluir com êxito e, na hora de seguir outro nível, optou por um caminho idêntico ao que Wumbua leva; ia cursando com êxitos até que apareceu a cara menos iluminada do planeta, homem de palavras inacabadas, sem remorsos em criticar. Embimo era um homem maravilhoso mas algo escondia de dentro ou mesmo fora da família; era um escritor e colaborador de grandes revistas e jornais que pairavam na grande cidade e que de vez em quando tinha que saír a busca de mais informações e para além disso ia à pesca de tantas como foi o caso de Naé e que por trás de promessas, merendas, presentes de todo gosto e alarido, deixou-se levar e penetrou a pequena Chadel.

Nassoti não tardou perder a pobre consciência que tinha em deixar a velha Jarda à distância porém, tanto tempo passara sem comunicação efectiva entre os dois tendo esta se metido em outras relações e como óbvio tido mais filhos mancebos e donzelas mas que o destino não lhe dera o melhor da vida, tendo voltado de novo ao átrio da sombra de seus progenitores que passados dias, o pai falecera de doença. Jarda não se deixou levar pela vida, tendo lutado de todas possíveis maneiras para adquirir um estatuto de mãe solteira contudo, mãe de filha do já ex-administrador distrital. Por trás destas facetas, vai ele de novo ter com Jarda com propostas bem construídas à maneira política de tal forma que mãe de filha de um chefe não podia estar esquecida ao acaso só por falta de casamento.

Foi e declarou-se aos parentes da mãe e lá pediram o *lobolo* para que se firmasse a responsabilidade matrimonial entre os dois. Ele assim procedeu. Nada ficou desperdiçado mas, porque Jarda tinha seus pertences como herdeira única da herança que o pai deixara e já separado da esposa antes da morte, esta não se dignou em deixar sua propriedade, cabendo a Nassoti ir visitá-la sempre que fosse necessário, uma vez que na ordem tradicional eram marido e esposa. Assim aconteceu e Naé nunca voltou a viver com a mãe em Nsalene mas, as condições de vida tiraram saúde à madrasta até que perdeu a vida.

Após a morte da madrasta, todo caminho estava aberto para que pai e mãe consumassem o acto oficial de casamento. Este foi realizado durante cinco dias e cinco noites sem parar, com música, *tom-tom-tom*, carne que se produz em Maumbé e toda diversão capaz. Daí em diante nasceram mais novas almas de irmãos completos e totais de Naé. Ela já foi obrigada a cobrir um parentesco alargado que partia dos filhos do pai com a madrasta, aos filhos da mãe com um padrasto, ela e filhos da mãe já com o pai, isto é, três famílias formando só uma. Foi complicado mas soube-se gerir da melhor forma até que cada um foi se juntando à mulher, homem, emprego ou sobrevivência, deixando a casa com os pequenos que nada sabem da vida que ainda lhes espera pela frente.

Naé viveu muito tempo juntada à Embimo. Nasce Chadel vivendo em agradável ambiente mas quanto mais o tempo passava, o cordão umbilical que Chadel desempenhava fora-se cortando até que rompeu totalmente e sem força para remendo. Naé saiu sem despedir e alojou-se na casa do irmão mas, este já tinha família alargada que em nada suportaria mais duas bocas que ainda uma criança que pede cuidados intensivos representava Chadel, era grande preocupação para Marizo. Em jeito de ajuda, arranjou espaço para irmã e esta alojou-se lá onde até agora vive. Em Cambalote ela foi erguendo sua barraquinha de blocos e de imediato mudou-se sem nada esperar de bons momentos da vida pois tinha já mostrado muito cansaço pela vida mas que eu, que tanto a conheço, ela é que cansa a vida e não a vida para ela. Viveu ela lá até que Wumbua, enviado pela escola superior a descobriu.

Capítulo X – TENHO OS PULSOS ATADOS (?)

Na igreja, no bairro, serviço e carreiros vê-se que, juntos, somos feitos dois pombinhos na beira da chuva. Nem o tempo e o serviço não são obstáculos ao meu amor por Naé. Cada momento que me olho longe dos olhos dela, sinto o peito a palpitar de saudades e vejo, para além de sentir um grande vazio que só uma beldade fina destas me pode cobrir. Quem ela é, na verdade? Nada mais que uma simples menina de idade, não mais nem menos, que a minha apesar de ela ter nascido primeira. Foi sorte dela e do administrador que visitou Nsalene e lá semear algo de si com o mínimo de sentimento romântico mas sim, um poder político mal exercido. Mal alimentada não é mas o corpo que carrega é talvez duas vezes menor quanto ao peso que as pernas necessitam para suportar.

Suas pernas lançadas da sua coxa em bacia polida são uns pilares da capela Sistina pelo peso e esguio dado à sua nascença. Cresceu num ambiente diferente ao da mãe mas isso não lhe tira o maior sentimento que por ela tem – sentimento forte de amor profundo não só pela mãe, também pelo pai, irmãos directos e os de pai apenas apesar de não colocar nenhuma barreira entre esta larga família. Quando se desloca a Maumbé, leva um fardo enorme onde carrega presentes dos mais diversos tipos pois, tantos sobrinhos a aguardam e estes sempre querem saber de novidades e ofertórios que a tia leva. Uma vez que vive caçando a vida e seus préstimos, trabalhando e economizando o pouco que resta das despesas mensais que faz com um pouco de minha ajuda, ela é sempre uma menina alegre que não deixa perder qualquer *chance* de actividade extra ao seu trabalho.

Perde noites caçando planos para que mais meninas e meninos do futuro sejam docentes como ela é. Descubro que nunca sonhou em ser professora mas a veracidade dos factos levou-na a andar por este caminho mas, ainda é eventual. Sempre sonhou em realizar-se enquanto não ter outra ocupação, aliás, está metida em mais cursos de capacitação e ou desenvolvimento intelectual e profissional. Nem com isso as dificuldades de sanam porque ainda se sente sozinha e após largar o pai da única filha que até agora tem, se não fosse a minha negação já teria mais uma ou um.

Dois meses depois de conhecê-la, conheci a mãe que por ironia de sua vontade, surpreendeu-me em sua casa, tendo feito todo processo (in)oficial de apresentação do namorado de uma filha (em casa quem conhece os segredos das meninas são as mães). Esta visita foi positiva porque me possibilitou manter contactos ocasionais com a mãe e por vezes caiam na presença do pai que nunca rejeitou o facto de a filha mais velha da segunda esposa ter já *mais um* namorado. 'A falta de incómodo por esta forma favoreceu que a dado dia falasse mesmo com ele e ter gostado do seu carácter lexical e expressivo. Ele também gostou de mim e marcamos um dia ainda não tido para o primeiro encontro e melhor conversarmos'.

Sem esperar por tal encontro que marcar-se-ia ou aconteceria, Naé cai numa gravíssima dor que lhe leva à cama por dois dias consecutivos após tantos outros passados e intercalados com sucessivos laudos de gritos que afugentavam o fulgor da noite. Tanto que mesmo não vivendo nesta casa de um quarto e sala onde ela, Zely e Chadel ultrapassam todas noites boas e más, com o medo a lhes tramar a aguçada paciência que já se tornou num fio de memórias medrosas de suas próprias sombras. Mesmo assim, ela nunca desejou companhia a mais, apesar de tantas manifestações a esse favor, de muitos tantos iguais a mim e que não sei qual foi a diferença que me deu a elegibilidade única – para Naé, a vida é suficiente com todas privações que faz ao ambiente familiar a seu comando ou controle, como visto, um quartel de apenas três forças humanas e que nada lhe preocupa. Minha chegada transfigurou o ambiente interior e exterior pois tudo se manifestava com outros caminhos antes vistos por qualquer indivíduo. Minha frequência ainda não é bem notável mas para a vizinhança, há sinais de presença masculina quase permanente e assim consideram.

As dores levam-na duas semanas de lamentações e emoções doridas do fundo das mangas encurtadas onde afoga os braços ao amanhecer rumando a seguir para o mar de areia do sítio onde se desfaz em falar, falar e cantar com a criançada que, mandada a força pelos pais, vai fazendo o ouvido de mercador, ouvindo, escrevendo, cantando, choramingando e chiando seus pequenos pés na areia da escola à busca do ainda não sabido conhecimento que far-lhes-á integrarem-se no mundo da ciência, técnica, informação e as tecnologia das tantas novas gerações de que sempre se fala. Não me refiro ao mundo de tretas, mundo do abismo escondido nas cabeças ocas que ainda carregam – a miudagem leva e eleva-se ao fim das fases do seu crescimento, bem como disse Piaget, a cada fase de crescimento a aprendizagem acontece vagamente e assim vai se formando o Homem do amanhã, tanto aclamado pelo já não existente, saudoso Machel.

Sim, os meninos vão se acotovelando na entrada das salas à procura de grande consideração da professora e vão se virando como palavras que todos dias vomitamos na náusea invertida como inspiração dos antigos e novatos poetas desta terra à beira do Índico, puxam-se e empurram-se na tentativa desconhecida de entrar primeiro na sala imunda que, se não for por obrigação, ninguém se dá o luxo de limpar para que a ensinadora entre em boas condições; lutam sem saber porquê uma vez que a sala é só para eles e só eles mesmo todos, nenhum poderá ficar por fora muito menos ser negado a possibilidade obrigatória que meu governo coloca como desafio aos progenitores em colocar tudo e nada que tenha a idade útil para aprender a cultura de Da Gama, apenas para se transformar no ambiente vivencial.

A doença prolonga-se como uma estrada esburacada onde nenhum carro fica alheio à outras actividades ficando apenas fincado a controlar o volante e gerir a situação antes que o carro penetre num desses burracões que meu país tem ou mesmo, na pior das hipóteses, sofrer um despiste e restar apenas o reboque da viatura às grandes reabilitadoras da matéria prima pois, desta viatura nada resta de útil. Pensado por não pensado, fico atendendo uma vida que já não é ela. Ao piorar das dores, só me resta pegar na geleira telecomunicativa e discar o número que ela me dita com algarismos intercalados por gemidos de dor que só ela sente mas pelo cordão umbilical que nos liga, também sinto a dor nos olhos e no peito, primeiro por não poder ter a tamanha alegria que ela me tem dado, segundo por não poder pesar no que poderá acontecer caso ela me pereça neste momento que ninguém de lá nem de cá sabe desta relação. Não sabem? Sim, não sabem o que na verdade existe entre nós dois: se é simples vagão que a máquina do amor puxa ou porque nós somos essa máquina se bem que temos um amor que nos promete um lindo e maravilhoso futuro.

Temos uma certa partida baseada em pensamentos que nós dois alimentamos de nós mesmo; pensamos que temos hipótese de construir uma parte desta célula básica da sociedade mas Deus é quem decide por nós. Nada podemos firmar neste momento ainda verde, muito menos falar desses momentos futuros se o presente é de dor e lamentações. Porém, as lamentações me mandam ligar a quem pela certeza não tenho poder nem palmo a medir nem pelo menos para diálogo. Doutro lado da linha me atende Jarda e me recebe com um tom de voz despreocupada e procura saber da minha saúde e depois de Naé e Chadel. Após poucas e soltas palavras de saudação, disparo a dor que sinto pela situação de Naé. Jarda fica imediatamente comovida e, soluçando, passa o móvel a Nassoti que se aprimora de querer saber do contorno real da saúde de Naé. Me manda passar a minha geleirinha e assim faço. Num misto de dor e esforço do abre-fecha da boca, com o pulmão a pulsar como um altifalante tocando o *rave*, fala do quanto está dorida e manda sem poder, que viesse Jarda para levá-la ao posto médico. Porquê ela confiou nela e não em mim? Fico me questionando sem parar de pensar nas imensas e intensas dores que ela possa estar a sentir.

Ao fim da ligação me informa de vinda conjunta de Jarda e Nassoti. Fico paralítico de pensar que em certo momento imagino-me em tréguas que não tenha produzido. Ordeno que me possa dispensar daquele futuro muito próximo de encontro e convívio familiar mas, Naé me nega e diz *"até quando terás medo de ser o que és para mim? Eu sou maior de idade e ninguém decide por mim para além de estar em meu próprio átrio. Esteja a vontade".* Coberto que fiquei, aceito o desafio e me ponho em maus lençóis.

A chegada da família fica revestida de alívio da responsabilidade moral, a ética e matéria por qualquer acto que possa acontecer a qualquer momento e que pesam em minhas costas. Fico tão aliviado que já me resta tempo suficiente para que vá ao trabalho. Lá me ponho em marcha ao serviço. À hora de volta, passo por aqui para saber o que terá acontecido toda tarde e que medicação tenha sido receitada. Nada de especial me dá como resposta senão o problema do pulmão que flagela a saúde mas *"amanhã temos que voltar a mais uma consulta"* – esta é a resposta tida. Me dirijo a casa para meu merecido repouso com a promessa de retornar amanhã logo cedinho.

– Amanhã? Não será possível porque temos que sair tão cedo para lá e não acredito que possas nos apanhar antes de sairmos. Se bem que é possível, durma aqui connosco, liga para Naquís, ela entenderá – me exorta Naé mas o tempo não favorece tanto tempo ainda parado, melhor vejo ir a casa e o resto veremos amanhã. Saio sem querer entender a

razão da paragem ou prisão que me fora momentaneamente dada. Na verdade a cadeia já tinha as grades do portão abertas até esse instante, restava apenas uma legalização da prisão. Sem advogado, sem juiz, sem nem auto-defesa, estou preso em minhas próprias mãos e não consigo me desfazer deste mistério que acontece como uma novela que desenrola seus actos por baixo do me nariz. Sinto o peso amargo do que não sei pois sem informação, as pessoas me assistem derradeiro me metendo mais na cadeia sem nem chamarem atenção aos meus actos – pecado mortal e desconhecido. O amor que sempre coloquei na pele e esperança desta menina magra, acaba de transformar-se numa navalha bigúmica que levar-me-á à decapitação infernal. Estou com anzol colocado na minha boca uma vez que já não posso gritar procurando por socorro muito menos me envolver na pacificação desta relação que espero um fruto tão doce do Universo.

Após o recolher da noite vem a madrugada – é uma regra que meu pai sempre me ensinou: enquanto um momento passa, outro vem porque não existe o vão no mundo e nunca uma sobreposição de factos, cada facto com sua dimensão e realidade. Nascem as pessoas iguais mas todas são diferentes, ninguém se iguala a ninguém – assim são os tempos e as realidades. Quem seria eu para desmentir as verdades milenares que os donos da minha vida dizem? Deus existe ou é – nada me interessa porque para mim a vida é a que tenho, recebida das mãos carinhosas da velha Canhandzi.

A manhã nasce hoje com o sol sem dentes que sempre me habituou mostrar. Vem hoje com lamentações trazidas pelos galos madrugadores, eles despertam as pessoas como sua obrigação moral mas entoam cânticos desencontrados dos seus bicos, abrem-nos e de lá saiem lamúrias de mil defuntos que vêem a vida de seu neto entregue a uma onça nunca pensada antes. São galos diferentes? Na verdade não há diferença, apenas um aplauso litúrgico que vagueia nas asas e bicos destes animais domésticos. Assim vai o sol diminuindo de diâmetro, radiando mais ruas e casas, homens e mulheres, crianças e adultos, eu e ela mas, ela até não recebe nenhum destes raios hoje malvados porque o posto sanitário aonde se dirige com Jarda é tão coberto que, só terão sol após a saída, enquanto toda cidade já acordou e deu seu máximo pelas ruas e a distribuição do sol tenha terminado, restando de facto, os raios atrasadores ou os que ninguém menos precisará pois o calor já será intenso marcando os insuportáveis trinta e cinco ou trinta e oito graus célsius que são o almoço de todos residentes desta cidade.

Hoje sim, tenho tempo de sobra quando voltar do serviço e poderei ter mais detalhes acerca de tantos exames que ela fez e vai fazer. É o meu terceiro ano de leccionação numa das escolas heróicas desta cidade. O trabalho corre-me muito bem e nada me apoquenta menos a doença da minha amada Naé.

À volta para casa, nenhuma novidade importante sou contado e, acredito nas consultas apresentadas e resultados obtidos. Se meus olhos são apenas dois e andam comigo, nada posso fazer para ver o que não sou mostrado. Mas a verdade está escondida nas cabeças, mentes, corações e mãos de Deus, Naé, Jarda e o técnico que lhes atendeu pois, nada disto que me é apresentado constituía o ponto e cúmulo dos factos. O teste de HIV está escondido por entre esta papelada que jaze aqui no quarto mas eles não falam nem conhecem pessoas antigas ou novas, hospedeiros nem hóspedes, ficam silenciosos nos lugares que a dona as colocou. Saber do acordo jurado entre mãe e filha é impossível. Fico cúmplice dos actos não vividos e perigosos. Eu e Naé somos seropositivos mas o silêncio, que sempre se fala por sua liquidação a favor da divulgação de vida e saúde, tomou lugar nas mentes sujas destas mulheres que não se dignam pela verdade e compaixão pelos que são o que não se espera.

Acho que para elas o facto mais correcto é ter receio de uma verdade dura do que ter motivação de dar vida a quem a saúde já está a par da morte caso o tempo não é acompanhado pelo tratamento. Será que elas acham que vida é só para elas ou simplesmente ela? Buscam uma inspiração de morte por entre armários de vida que se espalham por toda cidade e no meio de urnas sem dono, colocam as fardas da noite fantasmagórica sem escuridão nem dó dos danos que a fatalidade poderá criar nas famílias enlutadas quando o pior vier à tona das almas e terra negra que vivemos. Acham elas que a justiça é-lhes apenas porque Deus deu-as essa diferença connosco, elas são mesmo "uma" e eu sou "um" diferença tão grande e incontestável no meio do Universo só feito por duas pessoas diferentes e iguais:

> *Somos diferentes tu e eu,*
> *diferentes e iguais em todo momento,*
> *diferentes na hora de dizer,*
> *diferentes no momento de lazer,*
> *diferentes até pelo sofrimento...*
>
> *Sabias que o mundo só tem "dois"?*
> *O mundo é só meu e teu:*
> *nós dois que somos duas,*
> *dois de machos e duas de fêmeas,*
> *dois dedos de mãos tuas,*
> *e dois do tempo que correu...*
>
> *Sabias que o mundo tem só dois?*
> *O mundo é a verdade e mentira,*
> *é a mulher e o homem,*

é o mal e o bem,
é a bondade e a ira,
enfim, o guarda e o preso.

O Mundo é igual e diferente de sí mesmo...

Assim vou me fazendo de polícia e ladrão na hora de querer descobrir o que não sei. As barreiras são todas fechadas de modo a que eu não saiba nada. Nada sei mesmo. Fico horas e pico esperando por uma coisa que não espero porque nem sei da sua existência. O ponto de interrogação apenas tomou conta do meu *pós-consciente* porque este quer entender a razão de tanto sigilo. Será que não mereço conhecimento? A resposta já foi dada a muito tempo antes do nascimento dos meus versos, muito antes de nascimento de mim, antes do surgimento de meus pais, antes da descoberta da vida pelos meus avós, enfim só o surgimento da terra é que s abe porquê mereço tamanha indiferença.

Passam cerca de trinta dias que Naé está melhor e o amor vai retomando aqueles actos pecaminosos para todos os não unidos por palavra estadual nem a divina ou menos a tradicional. O uso do Kamasutra, Jeito Aromatizado, Hi Life, Casanova e outras marcas de camisas-de-vénus que mais foram divulgados com a descoberta deste flagelo e uma falta disso tudo nunca criou transtornos na nossa vida pois nós dois estamos e sentimo-nos bem. Porém, hoje a verdade é outra. Quando ela não tem, nem uma nem outra marca, mesmo o sem marca, não me avisa da falta e só na hora do romance fala. – *Oh! Que porcaria é essa agora? Sempre estou na cidade e tu não me dizes nada?*

O ambiente toma tensão e as paredes assistem. Sem nada esperar, aliás, no meio de tanta insistência, abre a boca com voz rouca de berros acabados de ouvir e Naé confessa: – *Wumbua, um dos exames que fiz mês passado foi de HIV e saiu positivo. Eu sou seropositiva e não sei de ti.*

Mais um mês passa e vou me testar de novo. O resultado é o menos esperado: dois seropositivos (eu e Naé). Começo a me culpar por não ter evitado suficientemente apesar de muito conhecimento que tenho em volta da matéria mas não há tempo de volta. O que resta é aceitar e prosseguir com a vida com estas algemas em meus pulsos.

Capítulo XI – A VAIDADE

Meu estado não me tira o ambiente de trabalho que sempre tive. Sou um funcionário que me levo a bom porto, com todos colegas e criando mais amigos. Trabalho sem parar sempre que me é exigido. O que tenho na cabeça é cumprir com as orientações médicas porém, estou fazendo quatro anos leccionando nesta linda escola situada por estas bandas da cidade capital. Esta cidade não conhece a escola e mesmo a própria escola não dá tempo para se fazer conhecer (?) talvez por falta de ideias brilhantes que a levem a grandioso porto e bem qualificado nos planos de desenvolvimento sociocultural e académico.

Uma verdade não passa despercebida: a escola é por (muitas) vezes detentora dos melhores rendimentos quando se chega ao fim e desejar-se ver o fruto de quase dez meses de trabalho árduo entre docentes, discentes, funcionários e comunidade no seu todo. Claro que não é a melhor mas é das melhores. Daí que de vez em quando lança seu nome para os mais variados planos territoriais urbanos e, muitos colegas conhecem-na como a escola que ensina... Este facto não é só de maneira a abrir mão e requisitar resultados, nem pouco as boas condições de trabalho, ainda menos a consideração que seus funcionámos merecem mas sim, o árduo trabalho que estes exercem no seu dia-a-dia na busca de bondade, conhecimento, ciência e domínio dos conteúdos. Mas nem tudo é por todos feitos porque há muita desconfiança devido a muita má fé e infidelidade por parte de alguns colegas estritamente ligados a este trabalho de ensino e aprendizagem; é sim claro, muitos dias se fala daquele animal que é criado, protegido, conservado e muito estimado por tanta gente: nasce, cresce, reproduz-se e nunca morre nas mentes dos Homens e vai criando ambientes não propícios ao trabalho a que estou formado e tantos outros também. Pois, vim encontrar a muitos quando pisei este recinto pela primeira vez, tendo apenas palavras para dizer obrigado e sim senhor director.

Alguns me ensinaram a ser o que pod(ia)eria ser mas, a caridade e carinho que os Vata me deram não deu campo a me enfiar nestes becos anti-éticos e anti-profissionais. Vivi trabalhando de noite, com pouco valor para transporte e custear despesas de faculdade, andei sem tempo para conciliar a faculdade e serviço, trabalhava com Homens donos dos tesouros globais que em apenas uma rodada dos meus dotes me sentiria tão feito que todo Universo. Larguei ou preferi largar os valores financeiros muito mais físicos, onde podia desfrutar de qualquer mocinha nova que me aparecesse – diz-se que ainda era *matreco* mas não é isso – e abria o cesto de suas qualidades corporais para que eu caísse e desse roça, eis que zombariam de mim quando não soubesse onde mais ir.

Minha mãe está lá nas terras distantes e aqui vivo sem ninguém para apelar que se faça o *m'phaso* para que me livra das maldades desta cidade. Vivo pensando e sonhando voltar a casa e rever a mãe querida, falar-lhe das tentações que aqui sofro ao lutar por estas migalhas mais ínfimas e que mulheres rabudas, bonitas, bem constituídas e muito endinheiradas me pescam à desordem para que mal me dê. E os homens, são dotados de todas ferramentas para destruição física e social deste pequeno menino que tanto fez e faz para o crescimento de várias e muitas famílias e eles me querem abaixo de seus pés fazendo o mal desnecessário a fim de aturar e não aguentar com o cheiro que me trazem. Mas isso não acontece – graças a Deus.

Enfim, a corrupção toma posse de mentes de meus colegas e sem se aperceberem, rói-lhes a cabeça, o âmago, a postura e perdem-se nas saias e papéis pintados e escritos altos valores monetários que ninguém aguenta. – *Maldito bicho* – quando alguém deixa-se impregnar por ele, dificilmente larga-se aliás, não há nenhum anti-retroviral para este vírus. Sempre que chega um final de época lectiva vêm-se perseguições de ambos lados, envolvendo professores, alunos (as), encarregados (as) de educação e quem sabe, grandes patentes de gloriosas profissões que usando das suas capacidades profissionais e políticas manifestam-se superiores em ordenar mesmo no erro. Mandam e depois exigem que o pobre professor que sujou os papéis pague pelos enganos da verdade. São situações que levam muitos rios de dinheiro, telefonemas, cartas, envelopes, promessas e até mesmo o abuso sexual que se converte em pedofilia destes mestres da educação sobre suas educandas.

Mais um fim de ano chega e com ele vem a época dos exames finais. É neste período que muitos desses colegas são colocados em sectores não totalmente ligados ao seu trabalho mas sim, em tarefas que os ocupem uma vez que as férias ainda estão bem distantes. E eles deixam lacunas no trabalho comum.

Como fechar o lugar destes e ainda fazer com que o excesso de examinandos seja limitado ou pelo menos reduzido? Isto não é possível internamente porque como é, alguns colegas ficam de fora aplaudindo o decurso normal das actividades e eles são alojados lá nos gabinetes escrevendo, lendo, copiando, fazendo, enfim, desenvolvendo actividades que nunca pensaram que seriam eles tais realizadores. Mas as actividades são bem delineadas antes da época com o objectivo de disciplinar o trabalho e que não haja ninguém a não saber *onde e como fazer o quê (?)*. Parece complicado mas é isso. Este momento é de se descobrir quem trabalha aliado aos objectivos comuns da instituição e os que não partilham na universalidade desta responsabilidade porém, o mundo é o mesmo que ninguém pode dizer que está na complementação da percentagem de fidelidade ao trabalho. Sim, conheço alguns mas, *será que alguém diz isso de mim? Sou fiel ao emprego? Quem me pode responder?*

Para se estancar o vazio, aquele homem tão preocupado com a verdade quanto eu, ainda mais, empregado na planificação e realização do trabalho, manda pedidos para todos cantos deste distrito a pedir auxílio físico de homens confiáveis noutras paragens operárias. Vêm extensas listas de instituições públicas como a nossa, de privados anexos e não anexos, apenas para dar uma mão de caridade e juntarem-se aos nossos olhos na busca de perfeição dos nossos *"putos"* que já pretendem largar este recinto por já terem terminado de sugar, a seu favor, o valioso empréstimo de nossas vidas e obras. Na hora certa, todos colegas chegam vindo em grupinhos de números variados. Alguns porque já se conhecem e são da mesma instituição, outros porque são colegas amigos ou conhecidos pelas ruas papagueando conhecimento aos miúdos.

A ocasião cria o ladrão – assim acontece comigo quando sem esperar, ainda mais porque a minha parceira que muitas vezes a sirvo de ajudante, foi enviada, a pedido do seu segundo patrão, a uma escola vizinha, irmã e parceira, tanto quanto a minha fizera com as outras, apesar de ser de um nível mais inferior. Assim sim, o trabalho arranca sem muitas hipóteses de ajuda. Eu seria o controlador das presenças, recolector de ausências nas arenas de exame, redactor de um relatório que em menos de quarenta e cinco minutos deve estar pronto e imediatamente enviado às instâncias superiores mas, nem com isso me sinto à vontade para tal tarefa pois é muito complexa e arriscada uma vez que não tenho domínio de todo mundo com que vou trabalhar porém, coloco mãos à brasa sem medir a temperatura que possa sentir pelo trabalho.

O primeiro dia dá pena.

Acordo de casa e me preparo fortemente. Preparo-me a partir do aspecto físico, moral, lexical, enfim, faço tudo para que o trabalho saia perfeitamente tanto quanto é a expectativa de quem me colocou como homem dos homens constantes na lista de trabalho directo com os avaliandos. Vou trajado de um fato azul que me rendeu outra tarefa realizada dois anos atrás no período extra de avaliação final e nacional; desse trabalho rendi dois fatos bem-feitos a modas diferentes e tecidos bem seleccionados numa das mais vulgares lojas desta cidade. Quem me leva ao alfaiate ou mesmo, modista é Ládia que tanto se dedicava à minha causa. E em menos de dez dias eu tivera os fatos prontos e já em uso. Ládia sabe muito bem até hoje que sou seu venerando. Leva no corpo partes tão sensitivas que qualquer homem quer prová-la, até que já tive informações diversas que ela é mulher para todos homens mas mesmo com tantos momentos de alguma certeza, nunca me preocupei de perder minha cabeça pois sei que é apenas uma brincadeira ou além disso, uma ajuda mútua que prestamos entre nós dois uma vez que ela vai passando momentos de terror na sua pobre e rica relação com o esposo que até este momento posso chamar de pai do filho com quem vive.

Aqui sim, quero mostrar a esses professores primários que eu sou chefe e seu controlador de verdade e que me devem prestar informações correctas e fiáveis para que meu trabalho seja eficiente. Não só, uma certa vez já tinha apostado com algumas alunas que levaria semana inteira vestindo fatos todos diferentes com as respectivas camisas e gravatas, como forma de seduzir mais as que já se sentiam amarradas em mim, doutro lado para pôr as bocas caladas daquelas que muito mal falam de mim e acender mais a chama daqueles que bem vestido, sempre desejaram-me ver – vaidade extrema. E com esta actividade e missão a mim dada, todos ver-me-iam e dá para aproveitar. Vou trabalhar muito sossegado e sem remorso nenhum em volta do meu *griff*.

Chego ao recinto escolar muito cedo quanto podia eu próprio imaginar e vejo que meus colegas ainda não se fazem presentes mas não perco a força da minha vaidade porque sei que eles estão a caminho deste lugar aonde estou. Vejo um a chegar, depois dois, cinco e por vezes um grupo mais desenvolvido trazendo os meus camaradas de trabalho, anexando mais o sítio, de mentes capazes de desenvolver as actividades para as quais fomos chamados. Eles me admiram com sinceridade e outros com ironia, mas como um formado psico-pedagogicamente, consigo entender as palavras directas e indirectas que cada um extrai da boca. A todos respondo com uma acenação do polegar direito ou com um obrigado soando da minha boca mas todos com sentidos correspondentes à vontade que o colega endereça para mim. Neste ambiente de elogios, sátiras e gozos sinto-me acima das vontades alheias de alguns destes meus colegas ciumentos de tanto *glamour* e passam a me odiar; desses não tenho tempo mas sim dos alunos e todos que bem admiram o meu estado físico exterior que, até os agentes administrativos me saúdam com todo respeito acrescido à vontade de me ver lá o dia todo, e ninguém sabe o que se passa por dentro de mim – o bichinho está roendo (?) os músculos e a imunidade. Todavia, a tarefa da manhã já me chama.

Não vou à sala mas sim fico com um colega afectando cada cidadão que mereceu confiança do *boss* ao trabalho e lá estamos nós. Descubro que muitos dos convidados já são por mim conhecidos por isso não há tanta reserva em saudar e mostrar mais o estado físico exterior que meu corpo apresenta. Vou chamando um nome aqui, coloco no devido lugar, a seguir outro, procedendo de igual modo aos restantes mas, as ausências me apoquentam pois a hora vai chegando e os prometidos estão lá esperando por qualquer Homem a levar a papelada e as questões pelas quais se julgam os três níveis de aprendizagem. Noto que há colegas aqui presentes e que por lapso não têm os nomes alistados neste papel que me guia na distribuição do material. E quando isto acontece, em nada posso escalá-los sem permissão expressa pelo *chief* pois, caso contrário, estaria eu manchando o trabalho e a segurança montados para o efeito, aliás, estaria trabalhando com base na minha ideia tão distante das ordens dadas aquando da apresentação da tarefa:

– *O senhor deve usar apenas a lista e colocar as pessoas nos devidos postos excepto informação contrária pois só assim poderemos controlar a realeza e idoneidade destes quando estivermos a deliberar sobre a avaliação do processo* – assim fui ordenado pelo chefe. Haveria algo que eu fizesse fora dos parâmetros traçados? Não. Apreço-me a apresentar a situação ao director.

– *Quando falta alguém substitua por outro para que não haja desfalque e, quanto a esses que não estão alistados informe para que apareçam ao meio dia pois a nossa jornada está dividida em duas partes de acordo com o calendário e nós aqui temos os dois momentos porém, ninguém deve sair antes da confirmação da sua participação no processo com base na lista dos Serviços Distritais.*

Assim vou eu proceder: preencho os espaços em branco ou melhor vazios devido as ausências e deixo a informação dada no gabinete.

Já passam vinte minutos da hora marcada para a chegada dos colegas e consequentemente faltam dez para o arranque da jornada. Aparece correndo uma colega nunca vista e consta da lista dos que não estão escalados para o trabalho de hoje. Ela vem mesmo correndo porque já estaria atrasada caso estivesse para trabalhar. A verdade é que ao chegar dirige-se logo aos dois homens que distribuem material para os postos de trabalho e aí, ao ver na minha lista, nenhuma palavra que coincida com o nome dela consta. Mando esperar por qualquer oportunidade para lhe dar o trabalho. Quando ela me pergunta da posto onde deve ir, fico apenas sem nada a responder mas, por simples que é, explica-me da troca que houve uma vez que ela estava escalada para trabalhar de tarde mas pôde proceder uma troca com sua colega a fim de esta trabalhar de manhã. Agora sim, já posso mandá-la ao local e iniciar o trabalho mas o nome ainda não está rectificado da lista.

* * *

Esta colega recém chegada já está a trabalhar. Sua presença não me chama muita atenção ao olhar mas é um facto muito especial. Sinto que ela está olhando para mim com um pouco de atenção mas não sei porquê. Pelo vestuário que trago? Pela posição que tomo? Pela altura ou ousadia e abertura que tenho para todos colegas conhecidos e não conhecidos. Não me apresso em fazer mais questões; problemas profundos vou resolver aos poucos porque bem sei que hoje é simplesmente o primeiro dia de trabalho e ainda temos pela frente mais quatro dias. Num desses vou esclarecer as verdades.

Termina a primeira parte do período de manhã e todos colegas voltam trazendo todo material que levaram a sensivelmente duas horas e ela aparece na minha mesa de colheita. Tento abordá-la mas as palavras não saiem tanto quanto são enviadas pela mente pensadora, talvez porque os nervos estão já visíveis na pele e se torna difícil abrir a boca pela tentativa de contenção da temperatura que o casaco me manda de e para dentro. Limito-me a dar uma saudação prolongada e um olhar para os olhos escuros de noite negra lá da terra. Tem na pele uns pontos redondos que complementam a delicadeza de seu olhar, mas com um pouco de receio de me declarar. Na verdade pretendo fazer isso mas não me sinto capaz ainda que durante o período de recolha de dados e assinaturas dos presentes e fazer a visão dos presumíveis faltosos cruzara-me com ela numa das salas e não sei o que vi nela nesse instante. O que sei é que algo sinto mas não sei o que é.

Logo após dois minutos arranca a distribuição para a segunda jornada da manhã e a ausência do nome dela continua nas minhas listas não obstante a proposta que apresentei na direcção de modo que se proceda a troca oficial do nome dela pelo da colega-amiga que, por razões de racionalização do tempo, acharam conveniente trocar para facilitar o trabalho que realizam lá no seu centro de emprego habitual. Sei que este período, todo ensinador está virado às listas finais que dão aos seus formandos o acesso aos exames finais ou transição e ela também tem esta missão.

Quando começo a chamar os nomes vejo que o desfalque continua e procuro maneiras de completar estes espaços vazios deixados pelos *sem palavra* e, sem outras hipóteses, deixo alguns espaços apenas com uma pessoa e nos sítios que levo pouca vantagem de conhecimento da pessoa é onde mando a minha funcionariazinha ainda desconhecida em nome. Declaro que mesmo lhe encontrando fora da escola posso não reconhecê-la porque ainda não a memorizei – pena minha que não tenho memória nem narizes de cão porque apenas com um simples farejar ela nunca fugir-me-ia, presseguir-lha-ia por onde quer que fosse apenas para ter um momento de debate com ela para que me diga o que ela é na verdade para mim e para a consciência que me rouba. Mas será que ela entende que estou meio perturbado por ela? Duvido mas mesmo assim não me deixo levar pela pressa de me fazer sentir na vida dela porque dias ainda existem e vêm de verdade e acho que tê-la-ei na mira da minha boca para lhe confessar o pecado involuntário que meu peito sente. Mas nem com isso me preocupo em gravar seu nome – que disparate! Será que sou mesmo um inválido e sem papo na boca? Não, essa não me merece mas a infelicidade surge porque não é só ela anexada na última hora, são muitas recém chegadas de Mahatam e que estão aqui.

Finalmente termina o primeiro dia de trabalhos e ela vem me perguntar acerca do trabalho para o dia seguinte. Explico ou simplesmente confirmo a necessidade de sua presença no local e ela põe-se a caminhar em direcção à saída. Sem pensar me aparece um outro colega que por azar do destino me pergunta por detalhes, serviço e residência dela. Que maldade!

– *Este homem precisa da mulher que estou já tentando concorrer? O que ele acha que é, mais forte que eu?* – tiro conclusões precipitadas da minha cabeça, e graças a Deus a mente não é transparente para que ele entenda a maldade que lhe proponho caso consiga os seus intentos.

Na verdade ele é mais forte. Tem carro, trabalha numa empresa particular e de lá sempre se diz que as condições salariais são mais abonantes. Sinto raiva, ódio e ciúme por ele mas não é culpado, fora mais que ainda não me declarei devido a minha timidez, quem tem forte voz e sorte vá e ganhe. E é o que ele faz. Na minha frente pede o contacto dela e sem demora ela diz não ter um celular mas que é simples localizá-la bastando chegar ao serviço dela e clarifica a localização. Após algum diálogo que me irrita ouvir, tento sair às pressas do local e à distância oiço um pedido de saída conjunta para algures na Matola para mais papo e *ademais*. Ela também só promete para o dia seguinte pois daqui vai ao trabalho. Sabe, sinto-me aliviado com esta situação pois ainda reserva-se tempo para mim. Dito e feito, cada um sai e segue seu carreiro como himbondeiro quando espalha seus curtos ramos. Ninguém segue a ninguém ou melhor, saimos em pequenos grupos de duas a três pessoas mas muito espalhadas nas quatro direcções que se veêm aqui perto.

Hoje é terça-feira e o meu trabalho continua. Da roupa troquei os panos mas o estilo é o mesmo de ontem e esta professora que não conheço continua me ofuscando com seus olhares não perdidos mas sim fixos na altura bem pequena e desprezível que tenho. Quando chega a hora de recolha dos dados corro primeiro para localizar a sala onde ela se encontra; decerto, tinha mais tempo nela do que em mais nada em todo processo. Vi-a já na porta de uma das salas, quiçá a controlar a mim e meus superiores de modo a acariciar a ignorância dos avaliandos. Quando chego ao pé dela, assusta-se e me olha com certo medo e nervosismo saliente de uma ladra na mira do polícia que ir-lhe-á prender. Sinto que não está segura mesmo com o colega que com ela trabalha neste posto. Olho profusamente para ela enquanto levanta mais o astral de culpa e procura formas de me evitar de vista porém, não é disso que vou procurar. Cumpro com a minha tarefa e à saída lhe aviso que gostaria que dialogássemos mais tarde.

Vejo os olhos meio alegres de satisfação que mesmo que eu tenha descoberto os descalabros deles, seriam resolvidos e absolvidos de maneira civil. Mas não espero pela saída, logo após a entrega dos dados, me apresso a ir a sua sala e com ela ficar a bater o *papo* na entrada. É aqui onde mostro minhas primeiras intenções profundas de um amor distante mas existente em meu coração. Peço número de telefone e com sorte diferente do primeiro, ela me cede com todos detalhes pois estava desligado e que só depois do trabalho ligaria. Verdade tida, tento confirmar e ganho a certeza e começo a matutar emocionado: *"já me falta muito pouco de encontro para seus passos de caminhar emocional"*. Na hora da saída não perco em voltar a reconfirmar com chamada e ela me atende. Mais forte fico ao saber que a mim ela teve algo mais em confiança (?) e desejo (?). Será que gostou ou é forma de se aliviar do erro que descobri?

Capítulo XII – **PRIMEIRA IMPRESSÃO**

Mais um dia nasce. Traz nas suas asas a dor de um trabalho árduo que, não se comove com a minha situação de trabalhador andante, sem espaço nem tempo para puxar o fôlego que tanto mereço, até o sempre falado lanche do grupo de elite me chega aos bocados quando percebo e entendo que o *boss* me quer na rua do corredor entre estas salas que se separam por paredes com quase vinte centímetros calculados apenas pelo engenheiro mas cujo mestre trabalhara apenas com blocos da CIL e um reboco mal passado pois a fiscalização passou preguiçosa pelas obras que dariam forma àquela infra-estrutura muito delicada aos seus utentes.

Recordo-me, quando apareci no seu posto ontem, ela foi muito hábil em se comunicar comigo apesar de certo receio deixado à boca das palavras – não palavras da boca – que saiam com muito medo pois também colocava em minha língua, a repreensão que estava a levar na virtude cúmplice de suas actividades mal conduzidas. Sinto que ela ainda guarda essa fraqueza que lhe engravida a consciência pois ainda não sabe quais são os meus verdadeiros planos com tanta e quase permanente presença junto à sua realidade. Tudo me choca com os poucos pedaços de músculo que ela transporta naquele corpo que desejo tocar a qualquer dia de minha existência, colocando Naé por detrás dos planos, aliás, carrego o pesado fardo de não saber como a dispensar dos préstimos que já mal me fazem sempre que me encaro com Naé, seja em sua casa, na minha ou na casa sem dono – a rua. Sinto uma força extrema ao me cruzar com ela mesmo com simples olhares; será verdade? Não! Sinto-me ainda fora do alcance embainhado da minha pontaria, apesar de o gatilho forjado com dedos malcriados pelo meu povo. Ela me envolve no mundo de suas imaginações que adivinho mesmo antes de travar nenhuma batalha comunicativa. Levo a peito o valor que meu *boss* me confiou ao me colocar na busca, processamento e informação dos dados em tempo útil, na maior tentativa de granjear mais simpatias aos seus superiores. Na verdade, eu também preciso desse lugar que ele ocupará mas, para mim, minha felicidade será ele me considerar *bom rapaz* e ele subirá mais escadas à busca de melhores posições que o coloquem mais e mais na arena de comando.

As minhas voltas pelas salas transformam-se num passeio e *passarele* de moda para exibir as novidades que os nossos estilistas mal pagos se batem para mostrar o bonito que produzem com combinações mal feitas de peças de capulana compradas na baixa, pedaços de capim seco arrancado da natureza meio morta nestes momentos de seca, retalhos de espádices que palmeiras daqui no Mpfumo dão e não só: os jornalistas se engraçam com os *plovers* feitos a capulana e alguns retalhos recolhidos ao fim dos dias de trabalho da nossa Mozambique International Trading, peças colocadas com a ideia de criar uma beleza diferente das demais, tanto para *maghodji*, estudantes de todos cursos e áreas, secretárias e noivas, participantes de eventos litúrgicos, fúnebres e sociais. Ela não me perde de vista sempre que faço um *rally* pelos corredores até que – *chefe, pode vir até aqui?* – me interpela numa das minhas rodadas pela avenida pessoal. Sinto que suas palavras são verdadeiras mas levo o receio sobre o que quer me informar.

– *Será que falta algo no seu posto? Descobriu alguma situação estranha ao trabalho? Quer me pedir a saída? O que ela tem a me dizer?* – me faço tantas perguntas e nenhuma tem resposta, ainda mas que não consigo dirigir minhas palavras aos seus ouvidos finos e meramente unidos à sua pele tão fina e cheia de caroços que não sei o que têm por dentro, apenas imagino que tenha algum problema alimentar ou alergia sem tratamento ou que tal tratamento seja tão caro e que ela não possa responder a demanda dos medicamentos. Mas a sua postura não me leva a colocar a grande aposta de não poder tratar-se por falta de valores, mais levo o facto de serem incuráveis e mais profundas na sua pele clara e muito destruída pelas façanhadas manchas que não têm origem – no meu ponto de análise. Quando me aproximo mais ao pé dela, arranjo a colocação do nó de minha gravata que aos poucos e devido aos grandes movimentos de corrida ou pressa, este vai perdendo a orientação de Norte-Sul que eu dei ao colocá-la em casa de Naé.

Puxo as bordas do casaco para que estejam alinhavadas tanto como esse alfaiate de sei lá aonde fez – coseu este fato esquisito numa terra que não sei onde, numa data que não conheço, transportou-se em barcos, navios e aviões que não conheço, foi vestido por outro homem que nunca tive a *chance* de conhecê-lo muito menos não o arranquei o fato de pano bem duro que e recorda alguns dos casacos que meu pai vestia e nos dizia que eram relíquias que sua faixa etária tivera nos momentos de juventude e que levava até então graças à sua capacidade de conservação mesmo com as derradeiras noites de corridas infernais por mato e seguindo pessoas talvez não conhecidas. Este fato teve a sorte de cair naquele *jardim dos madjermane*, numa praça de vendas que sempre me comoveu em buscar algo de muito valor. Foi tão simples carregá-lo num preço totalmente de banana e que na mesma semana, na hora do culto vesti-o para igreja e, na ira de todos jovens e velhos que se davam tempo de me olhar, destaparam e se interessaram bastante com um tecido já não existente, ficando um mito e admiração surgir um *moleque* da minha idade a levá-lo ao corpo. Quem mais pode aguentar com tanto valor intrínseco que meu fato tem nas vistas da sociedade? E se for a sociedade a não se reservar à admiração, Malvina que faz parte desta sociedade não pode ficar de fora. Ela maravilha-se comigo, por isso que ela chama-me.

– *O que fazes de momento?* – se atreve a me mandar perguntas mal paradas mas sinto ainda que vomita um receio crivado na sua garganta daí que as palavras saem medonhas e soltas.

– *Estou ainda fazendo o trabalho de recolha de dados.* – respondo com um silêncio cortado pela busca de voz para que ela perceba o que digo.

– *Depois pode voltar para esta sala?* – mais aberta agora se manifesta.

– *Desculpe-me professora, algum problema pontual? Fala mesmo agora, estou aqui para servir a todos por isso que sou da supervisão local e de muito menor categoria.*

"Gu hunga nhoga ma giwununi gu tiya"[1]. Não sei se nesta terra também existe este ditado mas pela coragem de Malvina, receio que sim. Ela afoga-se confiando apenas na conversa tão pobre que tivemos ontem e ela me pede com desconfiança menos notável.

---

[1] "Amarrar a cobra na cintura é poder", querendo dizer que a coragem é que funciona

– *Me desculpe chefe, meu nome completo é Malvina Ferrão Matuco e tenho aqui uma irmã que é vossa aprendiz, acho eu poderá ter sido sua e ela está realizando esta avaliação.*

– *Qual é seu nome?*

– *Ela é Alexandra Ferrão Matuco.*

Procuro ver em todos grupos por onde passei ao longo do ano e não me recordo de nenhum nome similar a esse e passo a resposta negativa quanto ao nome. Preocupada que ela está sem ver a irmãzinha a transitar sem muitas dificuldades. Leva-me a viajar pelos átrios a que fui responsabilizado a supervisionar e lá sim, encontro o nome bem colocado e com a pessoa totalmente preocupada com a prova e mais nenhuma coisa mesmo sabendo que a mais velha anda por aqui. Sinto algo de estranho por esta zona mas o que resta é pensar se posso fazer e como proceder ao pedido da colega, aliás, minha função não é essa. Paro, não penso muito e decido passar por cima das águas e lá vou eu dizer: *"não há hipótese"*. Sem mais palavras ficamos conversando por nós mesmos tentando nos aproximar muito mais e as palavras saem adocicadas como o mel que nasce nas terras pouco distantes de Menhire. Sinto o pulso a puxar mais sangue, veias bem cheias pelo precioso líquido que está sendo fortemente bombeado desta válvula que reside o peito inconsolável por ter esta colega já em *papo* comigo e incansável de subir e descer escadas íngremes na busca de matéria para o relatório que deverei enviar aos *boss's* no mais curto espaço de tempo, sempre que começa mais uma fase do trabalho.

Sinto que no íntimo, ela não me quer dar forcas para nenhuma luta notável, ela me quer ver suando por mim mesmo e sem esperança, quer me colocar a prova do fogo e me salvar quando as labaredas começarem a tomar conta da orla de minhas vestes já gastas de tanta caminhada sem desaparecer da vista dos que existem neste meio. Sinto algo preocupante a mandar-me declarar guerra mas não me é ético no momento mas não tenho escolha.

Capítulo XIII – **MOMENTOS BONS**

Estou aqui a cinco anos e sempre oiço falar de cinema. Para além de ver os grandes, pequenos, dramáticos e cómicos filmes que a TVM, STV, TIM, Record e outros meios me proporcionam, conheço também o zero-zero-sete, uma paragem que tomou este nome só porque um fulano que teve condições nessa altura resolveu abrir naquela esquina, entre as avenidas de Angola e Gago Coutinho, um restaurante assim nomeado. Em memória de quem não sei e nem quero saber. Só sei que o tal zero-zero-sete é um filme com a participação do tal James Bond, aquele baixinho que se tem feito palhaço, trajado de preto de alto ao baixo com um *cap* mesmo dos tempos da sua época e com um trinco de bigodes pendurado mesmo entre as entradas ou saídas do nariz e da boca.

De tantas avenidas que a cidade tem, muitas passam pelos monstros adormecidos e esquecidos pelo tempo e seus contínuos viventes, aliás, já tem outros e novos residentes pululando a sua nudez por trás das paredes já sem cor e que andam pintadas por fialhos de sopros que nascem de latas apanhadas nas lojas da grande cidade ou as bermas das estradas onde os informais se aglomeram na busca dos homens apressados que por nada têm tempo para entrar a uma loja ou confeitaria. Nestes monstros, alguns semi-lembrados, há dezenas de anos e irmãos e vice-irmãos de Da Gama, usavam para pôr os olhos defronte daquela tela gigante para assistir a uma película produzida e/ou gravada em terras desconhecidas. Tais são os casos do Cinema Império que fica na usadíssima avenida que sai do aeroporto em direcção à cidade, Cinema Xenon, aí na porta bem perto do Centro de Saúde Santa Filomena, Cine África na mais conhecida, importante e deplorável avenida com nome das lágrimas dos portugueses sobre aquele dia que perderam o que tinham a favor do meu suado povo e que tem servido como rua da progressão e difusão deste dilema de HIV, o Matchedje que já não tem este nome mas ainda continua aí nos Mártires de Inhaminga, o Scala na avenida dos homens da geração que revolucionou a nossa República e talvez o Gil Vicente aí ao pé da estátua do nosso saudoso primeiro presidente.

As minhas primeiras palavras para Malvina resumem-se num pedido expresso de amizade e alguns passeios conjuntos para qualquer parte que fizesse parte desta cidade. Não lhe escondo a minha condição de namorado em frustração, procurando por uma vontade desconhecida que me desse alento neste momento dorido. Mas deixo de lado a minha condição sanitária pois ainda não sei o que ela considera de mim como homem a sua frente.

Na procura de formas de me divertir e começar a gozar de alguns direitos que ganho pelo meu trabalho, procuro formas de inspiração para conquistar esta Malvina que me leva a cabeça e pensamento. Na verdade, se hoje procuro por algum desses monstros adormecidos é porque Malvina é uma imprevisível pela qual fiz tantas propostas mas nenhuma foi do seu agrado, mas me faltava saber de cinema. É uma batalha por travar – uma batalha sem reconhecimento, aliás, não conheço ainda a base inimiga pois, ainda não enviei nenhum mercenário em missão parecida. Também, para esta guerra, é complicado mandar alguém sem domínio de suas bases pois sei que já esteve alguém querendo me encalçar a partida. Fico quase derrotado antes de entrar na guerra apesar de tanto instrumento bélico que transporto na bagagem. O tempo passa e a caminhada é tal que me deixa a cada minuto, mais intrigado e sem forças de permanecer na luta. Mas, me sinto procurando uma saída para o túnel tão longo e escuro. Aonde me leva este buraco não sei; apenas sei que onde há saída, haverá uma guerra tremenda que poder-me-á derrotar. É assim que me coloco a pesquisar daqui onde estou. Sem bússola, sem termómetro, sem lanterna, enfim, sem referências. Sinto-me perdido e sem ponto de localização.

Muito depois de tanto sofrimento nesse pesadelo que tinha sem dormir, surge alguém a me despertar das profundezas da impiedade; chama pelo meu nome querendo apenas me saudar. Me parece e sinto que uma parede cedeu ao peso dos meus sentimentos e dar-me-á uma possível saída e luz da natureza. É... meu terramoto se chama Tranquila e, com isto, a rocha que me cobre cederá à facilidade de luta. Por meio de conversa, Tranquila – não conhecida de cara – me implora: *"lute sempre em diante"*, uma vez que ainda não tive luz verde mas a amarela já se apagou e a vermelha não existe.

– *Olá Tranquila, tudo bem contigo? Eu estou bem graças a Deus. Apenas me encontro pálido de cabeça por não saber o que fazer para que seja teu efectivo cunhado.*

– *Alô cunhado, tudo tranquilo. Nada de especial senão um lindo dia com a tarde a dois enfrente a um filme, mais que isso não é hábito da minha mais velha.*

Sem mais tempo a perder, levo a mesma máquina que usei com Tranquila e direcciono-a a Malvina. Ela se encontra trabalhando arduamente com os meninos da escola e está mesmo sem querer me atender de momento. Eu insisto tanto até que se sente obrigada a tomar no polegar e discar no *"on"* para me atender e ouvir o que trago como novidade pois já gostou mas, não quer se declarar, apenas o trabalho a empata tanto que por vezes não me liga atenção.

– *Palavras rápidas, por favor, eu estou a trabalhar, Wumbua.*

– *Hoje é sexta-feira, que tal saíres daí para o cinema comigo?*

– *Está bem, vens me buscar a cinco e meia da tarde.* – tanto quanto Tranquila disse, Malvina responde agora com mais vagar, tirando muitas palavras para mim e para si mesma, talvez dizendo não querer perder essa *chance* primeira de sair comigo.

O meu serviço demorou anos para terminar as cinco dessa mesma tarde. Após o trabalho dirijo-me ao balneário onde tomo uma água para a cara e braços e também os indispensáveis locais em mim. A pés apressados ligo carreiros e faixas de rodagem, subo pela rua do complexo industrial e lá estou eu. Ligo e atende sem demoras. Confirma a sua prontidão para o desafio desta tarde. Fico mais acanhado na tristeza e liberto-me das emoções que não conseguia tirar porque não tinha capacidades mentais. Fico contemplando o ambiente de pessoas conhecidas e estranhas que passam por aquí neste pedregulho aonde me localizo e onde foi o primeiro encontro para mais detalhes pessoais após a combinação lá do serviço. Ela chega pronta para o carro, pela caminhada cruzamos um monte de gente estranha, amiga e inimiga que vai andando e, vamos saudando com simples aceno da mão, um abraço ou mesmo um diálogo que nos rouba uns cinco minutos e que na maioria dos casos ela me ganha talvez por ser sua zona de residência. Ao longo do trajecto, palavras não faltam para além de promessas reais e falsas saindo da minha boca e dela também.

Aqui dentro o ambiente é calmo mas nós, no nosso canto esquecido pelos restantes espectadores, trocamos um barulho surdina pela vontade muito próxima de nos beijar mas evitamos uma vez, duas vezes, três vezes e...

No final do filme, um abraço forte nos leva a pensar o prosseguimento da viagem para casa: *"minha ou tua casa?"*

Capítulo XIV – A CONFISSÃO

O tempo não facilita muitas manobras para brincadeiras, temos que nos levar o mais rápido possível para os aconchegos. Eu porto-me a cavalheiro da Tróia, protector e muito rebelde a qualquer rival que me mostre vontade de arrancar a minha Vina. Sinto que ao lado dela há algo muito escondido e forte que poderá transformar minha vida, mas não posso levá-la a minha casa sem muito conversar – com Malvina. Os tempos passam e as pessoas mudam e eu não quero ser um pecador infernal a qualquer dia por uma pessoa de que sinto muita emoção ao ver e sentir seu sabor nasal. É uma menina que já me falou um pouco de sí: reservada, caseira, batalhadora pela causa da filha e família. A maior batalha que deve enfrentar agora é a admissão ao ensino superior.

A filha é tão pequena que nada sabe dela mesmo, é uma menina fantástica, com boca virada para o trabalho que tem por natureza, tanto ao tirar felicidades e vergonhas características de uma idade bem tenra, quanto metendo produtos qe transformem o aspecto físico, moral e biológico para um crescimento ideal e medido. Malvina não deixa nem por pouco folgar o instinto de cuidado que a mãe deu-lhe hereditariamente para que seja uma mãe consciente de sua missão, tarefa, obrigações, direitos e objectivos.

A família é o ponto de partida para todos pontos de desencontro com sua própria história. Vive rodeada por tudo e por todos que lhe merecem prazer à vista. Deles usufrui algo diferente de uma filha arrancada do coração protector do pai, por algum foragido da justiça familiar, um agricultor que semeou no ventre a vida que dá brilho aos olhos da terra mãe; uma charrua que nunca se desprezou com a terra e que tendo passado por estas bandas colocou seu corte longitudinal e despejou toda alegria desejada por Malvina na promessa solene de voltar para os donos do terreno alugar e comprar toda farma. A família sempre esperou por tudo mas, nada vinha corrigir o erro possível que acontecera. Apenas lamentações que não tiveram fim, ao menos se Wumbua ganhasse esse direito para que feche as feridas embrenhadas pelo crédito de vida feliz ao lado de um amor profundo e verdadeiro.

O serviço existe e é o único meio directo e real de ganhar as *chances* de protecção definitiva de Neyma. Nada lhe joga a cabeça senão a batalha infernal de procura insensata de um futuro promissor para a filha que vive com um pai que não vive com ela. Tem pai lá nas terras distantes de suas capacidades de busca, esvoaça o ambiente todo a custa deste serviço pacato que eu também tenho. Diferentes apenas pelas capacidades reais de prévia preparação técnico-científica, valor do ambiente de trabalho, exigência e desconfiança pelos órgãos mais adiantados na chefia. Eu mando aqui, este meu território que navego todos dias na tentativa de proporcionar um dia mais alegre e talvez desastroso para mim quando este *moleque* que me gasta a voz hoje, dizer ao patrão de meu chefe o mal que tenho feito e tudo cairá sobre minha cabeça criando um impacto triplo: o desprezo que sentirei pela forma na qual serei comandado, o serviço que deverei fazer sem ver o tempo nem a dimensão das minhas capacidades e o complexo de ser menor em força política que regerá esse período, enquanto eu sou hoje maior em tudo para os activos e quiçá passivos deste *miúdo*. Sinto muita diferença entre eu e ela e decido em levar a ela para casa porém, apesar de ser minha a mais distante, prefiro deixá-la protegida pelos anjos que nos carregam nas costas neste momento, do que uma possibilidade que pode não dar os efeitos desejados. Combinamos para mais um fim-de-semana a mesma hora e dessa vez levaria mais alguém.

Chegado a casa, nada me resta senão dar o relatório do que foi minha caminhada naqueles círculos rolantes que só com força de uma máquina rolam distâncias incontáveis a procura de facilidades e rapidez na vida do Homem.

– *Amor, já cheguei.*

Nada me cala a boca quando falo de tudo bom que passei mas não tenho nenhum ouvido que possa captar as minhas palavras. Sei apenas que dentro de mim há um emissor e um receptor e que o canal, o código, a mensagem, os signos visuais e ruídos – tantos elementos que Malvina ensina lá no serviço àqueles meninos muito pouco preocupados que só a vara resolve a *irriquietação* que promovem no ambiente das quatro paredes onde se encarceram milhares de vontades de pais e/ou encarregados de educação. Quanto a mim, nada de especial corre pois, com e sem a doença que já chamam de *"do século"* passado mas que dilacera todo presente século sem se saber ainda para quando a sua solução chegará, me sinto homem capaz de ser o que se deseje.

Os passeios vão se tornando cada vez mais frequentes. Dum lado, Lecha já tomou conta do recado em volta do que acontece entre a maninha e o supervisor que esteve vigiando o processo avaliativo e que para qualquer resultado ela terá em inédito. Também sabe que esse supervisor tem planos de conhecê-la de todo jeito possível juntamente com Tranquila que já não faz parte do universo da instituição onde trabalho mas a um ano atrás esteve aqui e me conheceu e apenas não teve a oportunidade de se apresentar porque nunca pensou que seria o que é hoje para mim. Mas, após a caracterização que Lecha a deu acerca desse anjo da guarda da mana, a mente levou-a de casa ao meu encontro e comigo travou uma conversa interessante, percebeu minhas palavras e aprovou-me como um homem ideal para a irmã. Agora sim, as duas pegavam na lenha e, dum e doutro lado aconchegavam tanto para que a fogueira pegasse bem forte o mais rápido possível. Mas não sabiam que uma das estacas que serve de combustível se encontra corrompida e ainda húmida para não arder. Telefonemas e mensagens não faltam no meu diário. São palavras doces e brincalhonas.

Aquando da minha mudança de residência, Tranquila se predispôs a dar toda ajuda necessária para o transporte e acondicionamento do novo aposento do tal cunhado ainda não conhecido. De vez em quando marca-se encontros entre nós três ou melhor cinco indivíduos que vivem este cerco mas Malvina sempre evita esse acontecimento. Não sei qual é o pensamento: será que ela se desconfia perante a beleza das irmãs mais novas e tem em mente o medo de perder o que tanto perdeu tempo a caçar? É uma leoa que não quer perder por nada a presa que jaze em seus fortes dentes? Nem uma nem outra coisa me mexem, o que interessa é estar e ter Malvina ao lado apesar de fraquezas habituais dos primeiros momentos de uma relação que se pensa venha a ser séria.

Dito e feito, o resultado sai e eu estou lá com a boca entregue à botija. Será que não vou arder se o gás escapar? Tiro o que ainda não é oficial apesar de não haver possibilidade de retorno.

O fim do dia de trabalho se reveste de mais uma saída para bate-papo com minha menina que substituirá a orgulhosa que tenho em meu domínio. Chego e à hora marcada ela se aproxima da pedra habitual com dois meninos no colo: a filha e o sobrinho com idades e corpos desenvolvidos quase a gémeos. A conversa toma um rumo não interessante pois o barulho que os pequenos provocam lhe obriga a voltar a casa para tomar conta do recado que as barriguinhas pedem aos infantes. Assim o dia vai a seu fim.

Hoje nasceu o dia com um nome diferente com o de ontem, hoje chama-se sábado e tudo está parado apesar de algumas tensas cabeças planificadas como a minha e a dela. O desporto é a sua rotina e para dias semelhantes a este, tenho mais a planificação do que outra coisa, na verdade já cumpri com as recomendações que não a digo.

O hospital trata de me orientar a tomar consciência do que sou e o que deverei tomar como medicação receitada para que a velocidade de retorno forçado pelo vírus não tenha efeito, isto é, seja nulo. Para além de estar trabalhando, temos em mente mais um filme que não podemos perder no Gil Vicente.

– *Lá temos que chegar a tempo hoje, heim amor?*

O plano está feito e tudo vai dar certo.

Na hora da verdade eu não tenho carro próprio e em nada posso esforçar o motorista a correr, para além de que Malvina vive em casa de papá e mamã e lá deve sair após realizar algo visível. Perdemos a hora combinada mas nós podemos estar juntos a qualquer lugar. Lá vamos nós dois de mãos dadas e bem separados dos restantes passageiros: dois pombinhos num novo pombal.

– *Amor, se eu disser que tenho uma mulher com um filho, o que me dirias?*

– *Seria o nosso fim imediato e daqui mesmo cada um iria sozinho para sua casa.*

Percebo perfeitamente a sua resposta e entendo porquê ela diz isso mas não espera o que vem por trás daquela pergunta. Ao pé do maior supermercado de todos tempos descemos e passo a passo nos dirigimos ao banco automático. Acho que esta é a melhor ocasião para minha questão.

– *Malvina, sei e sinto que estamos nos aproximando muito e que nosso amor promete muita coisa boa mas tenho que lhe confessar algo muito importante para tí. Tens que ser forte e responda-me a verdade. Nada de nervosismo e menos mentira, não me engane. Este sangue que teus filhos terão, saindo de mim está imundo: carrega o vírus de imunodeficiência humana.* – confesso, cheio de receio e medo.

– *O quê?* – exalta Malvina.

Capítulo XV – AS VOLTAS DO MEDO

A falta de dinheiro encarece todas hipóteses de trabalho contínuo de qualquer organização. Sobe-me a tensão por saber que eu tenho mas não posso usá-lo simplesmente porque sou diferente mas não sou. Desde que Naé me abriu a vista e descobri que isto fazia parte da minha vida, não me deixei levar pelas correntes fracas ou fortes que a maré faz ao meu barco.

As minhas palavras transformaram todo plano que levamos a um fim inconsequente apenas porque o medo rodopiou nas veias vermelhas de Malvina. Recebeu a informação com um ambiente calmo, frio e acéptico mas faltou força de dar continuidade ao programa traçado pelo nosso atraso a mais um filme do GV. Continuar a viagem à baixa não foi considerado por nós dois mas não sei qual foi a razão. Apenas sei que o mundo virou as pernas e colocou-se de cabeça ao chão. Nada podia eu fazer naquele dia porque tinha revelado um segredo que reside as profundezas do mar. Na hora de despedida, logo a menos de vinte metros da casa de Malvina, as palavras se tornam escassas hoje para caracterizar o ambiente de tudo o que ocorreu. Uma coisa maravilhosa é o encontro despropositado com Lecha e a menina no colo, na busca de algo que só ela sabe e em jeito de brincadeira, falo da diferença que a irmã me mostra hoje. Por fim me despeço e

Malvina promete que ficará a estudar o caso com minuciosidade.

Chego a casa com o peito me doendo de dúvida. Toquei num assunto importante mas muito ridículo para qualquer indivíduo. Eu sou o que sou devido a uma relação que não sei porquê não me classifiquei antes de entrar porta adentro. Agora, eu e ela estamos assim e tenho que assumir, aceitei ficar com ela nessas condições mas as situações reais de relacionamento entre nós não está nos caminhos, e vi que melhor caminho seria este que estava tomando mas não quero ser pecador perante Deus e perante a lei do meu país. Quis libertar a alma pois não seria lindo esconder uma penúria destas por muito tempo, vi que ela, descobrindo depois, seria penoso demais para a relação e o melhor seria de facto falar na primeira pessoa mas está dando errado. Ainda não estou certo desta situação mas sinto que será assim para sempre.

– *Amor, já estou em casa, como te sentes depois da minha confissão incondicionada?*

– *Não sei o que dizer, você apanhou-me sem esperar. Tenho que pedir opinião a pessoas mais próximas.*

Sua voz me diz que o fim está declarado. Será que fiz mal por colocar uma salvação na sua mão? Pensei eu que o que fazia era um ponto para a responsabilização conjunta de acções visando a minha e nossa saúde eterna, coitado de mim – homem que se sente falido por ser realista porém, espero que o mundo me mostre caminhos para que a vida não pare.

Malvina acorda no domingo cheia de fortes dores de cabeça que por pouco não me diria senão pela chamada que fiz logo de manhã para saber do seu novo dia de vida. São dez da manhã. Malvina não diz nada. Leva uma só coisa na cabeça: procurar pela irmã mais velha e contar o acidente que acontecera, aliás, logo no princípio das mensagens de tanto afecto amoroso até aos primeiros encontros realizados aí na estrada defronte da sua rua, sempre contou a tal irmã e ela nada de esquisito referiu, cabendo tudo a quem estava perto ou metido na relação. Quanto à outra, que possivelmente partilho o mesmo altar para glorificação de Deus, essa está fora de hipótese pois, apesar de viver aí bem perto, tem pouco tempo para aturar algumas "brincadeiras" das irmãs, pior esta que já tem uma filha em casa.

– *Minhas filhas, devem crescer e dignificarem-se. Vocês são meninas de uma família conservadora. Malvina, tens uma filha antes de te casares e isso é uma responsabilidade, os papás esperam sua mudança de comportamento e que agora ou tarde tragas um noivo e marido mas, nunca mais um 'pito' que e deixe de novo a família sem palavras na língua. Tenham cuidado que os homens estão para destruir alguns sonhos das mulheres e vocês correm o risco. –* conselhos de uma irmã já experimentada pela vida e que, apesar de estar casada, recorda-se dos momentos de menina e sente anda lá na sua pele, a dor de tantas amigas que se deixaram levar e nenhum dia levaram alegria aos progenitores como merenda pelo nascimento e saída para o lar.

Pelos vistos, o que a irmã dissera a Malvina quanto a mim, estava certo em sonhar com um casamento. Será que já sabia que éramos irmãos de espírito? Não. Recordo-me apenas que Malvina, me contou certo dia que comentara com a sua maninha em volta das vestes tão esquisitas que esta põe por necessidade da igreja e em brincadeira perguntou o que seria dela – magrinha, baixinha, que não gosta de saias e muito menos de lenço a tempo inteiro – se um dia colocasse aquelas roupas sagradas. Desconfiada, a irmã carregou na resposta, perguntando o que aquilo significava mas, Malvina voltou a frisar que era simples brincadeira. Terá sido aquí onde a irmã começou a desconfiar de minha existência? Claro que não, apenas foi uma confirmação não dita porque Lecha havia já *ndzavatado* à irmã que havia *"um baixinho, colega de trabalho e parece que é seu colega de igreja mana, por ele, mana Malvina rasteja asas por todas avenidas."* E quando Malvina entra com suposições, a irmã não foi do lado crítico da educação. Quis acompanhar os factos até o seu desaguar nesse mar desconhecido. O tempo foi passando, os encontros começaram a ser frequentes e certa vez a maninha soube da ausência de Malvina em casa dos pais e quís ter detalhes. A ninguém pesquisou nada mais senão esperar pela anfitriã do assunto.

– *Malvina, onde estiveste até aquela hora de domingo? Não me diga que já acertaste no teu cupido?*

– *Não sei mana, há um pequenino que me desestabiliza a mente e tenho estado com ele. É um moço que fala de bons projectos, meu colega e teu colega também de 'Xicuembo'.*

– *Espero que seja boa companhia.*

A outra também trilhou a mesma estrada, esperando igualmente dos bons momentos que todos esperam. Na hora da verdade, a "segunda maninha" é mais complicada e cautelosa nas perguntas e tomada de decisões – aqui é onde vive o meu azar.

A manhã nasce fresca mas com um vermelho no horizonte. De noite ouvi um piar de mocho à distância, agora a manhã acorda vermelha. O que está acontecendo? Sinto uma fraqueza enorme nos membros mas, num dia de trabalho sou sempre obrigado a deixar tudo e todos pensamentos e dirigir-me ao banho para ir ao labor. Durante o banho, sinto um peso no peito mas não estou doente, sinto que alguma força estranha e exterior está a me fustigar. Feitiço? Paludismo? Falta de respiração? Nada disso acontece comigo mas sim, um mau presságio é que rodeia meu dia que seria tão feliz se ainda tivesse meu segredo só comigo. Sinto um forte aperto do coração, me vem a ideia de me arrepender pela revelação feita mas o senso moral e a obrigação cívica me diz que não.

– Fiz muito bem, devo proteger e conservar o que amo. Se é que amava a ela, devo ter lhe falado assim como fiz. Se ela me rejeitar será problema dela. Cumpri com minha missão de homem que ama uma mulher. Tudo fiz para conservar sua e minha saúde. – falo da mente para meu ouvido sem tirar nenhuma palavra pela boca. Convenço-me de ter realizado um resgate de alguém que estava à beira da morte e Deus contará isso algum dia.

Boca de Malvina tratou de transferir a revelação por mim feita dos ouvidos e cabeça dela para os ouvidos e cabeça da amiga. Pouco conhecido mas muito falado pela menina, Justina fica com a cabeça e peito intrigados por sí mesma. Cantarola guerra entre a falsidade e realeza do assunto. Imagina que eu tenha visto de anormal em Malvina e assim queira me livrar dela sem constrangê-la por palavras expelentes apesar de estas serem já repulsivas. Mas, também coloca do outro lado da balança a verdade como a causa que me tenha levado à revelação deste flagelo. Tudo cria mais dissabores e anorexia mental em todas actividades que realiza todos dias. Pensa em si, imagina que ela recebesse aquelas palavras e não tem resposta mas sim tem uma opção de *"cair fora da relação mas... hum! Essa também não vale porque ele falou sozinho sem precisar a descoberta ou alguma desconfiança".* Todas lutas não davam certeza, tanto do lado falso, quanto do real. Por fim resolve devolver a parábola para a dona.

– *Malvina, tens que pensar tanto. Não consigo te ajudar. Sei que gostas muito do moço e ele foi real e directo contigo para evitar brigas futuras e manter vossa saúde em dia.* –fala Justina, misturando seus pontos de vista com as palavras confusas que Malvina tirava *"amiga, responda logo o que faço, se eu digo a minha irmã, ela mandar-me-á largar Wumbua".* Justina vê-se incapaz de resolver o contra das coisas mas vê que a amiga está morta de afecto, paixão e, quem sabe de amor? O desfecho não aparece mas Justina promete e fica colada ao amor que eu tenho para a amiga mas não sabe como colocar ponto final ou contínuo neste facto. Lindo é apresentar o caso a algum parente para que tenha melhor conselho.

– *Que parente se liga a mim? Só pode ser mana Raquel.* – refere Malvina, constrangida em prever a resposta que lá achará. Liga para mim apenas com objectivo de uma saudação e dizer que ainda não tem resposta ao facto que abordei. Ela fica, quando atendo o telemóvel, quieta e não sei de quê espera para me informar o conteúdo da chamada. Por fim diz *"alô"* e só fala *"queria ouvir tua voz, estás bem?"*.

– *Como antes eu disse, não estou doente Malvina, apenas tenho o vírus circulando em minhas veias. Minha saúde é intacta. Estou realizando todas consultas necessárias e ainda não corro nenhum risco, mesmo a senhora.* – riposto, agoniado.

As palavras são tantas para dizer apenas duas.

– *Eu gosto de ti Wumbua mas já estou indecisa do que posso fazer entre te aceitar ou não, sei que não é fácil você dizer isso para qualquer pessoa mas agradeço bastante a tua valentia mas estou sem forças para..."*

Oiço sua voz decrescendo de tom e pára no meio de soluço que me contagia e resulta em lágrimas na ponta dos meus olhos. Por mais uma vez sinto que fiz mal – me arrependo de ter revelado meu segredo com Deus e Naé. Mas logo me volta a moralidade que diz que fiz o melhor na vida e no amor, se ela não vier de volta, será ingratidão dela por toda verdade que outro homem esperaria que ela descobrisse e talvez depois de contaminá-la. Será que fui herói? Acho que sim, os heróis morrem pobres pela causa das pessoas que amam – também serei assim.

– *Minha irmã quer falar comigo acerca da nossa relação porque contei tudo e diz para não continuar mas eu quero muito ficar contigo.*

No fim da tarde, Malvina me liga a dizer que falou com a irmã e essa não teve papas na língua e votou imediatamente pelo nosso fim pois corre riscos de vida. Volto a explicá-la todos factos e tudo quanto seremos mas, não há retorno na decisão. Sinto que a pessoa que fala doutro lado da linha está sofrendo com as palavras que revela mas não tem outro poder de retorná-las ao início. Insisto em pedir que mudasse de opinião mas não tenho sucesso. Fico no meu canto e choro por uma decisão em volta do medo de Malvina, amiga e família.

A partir desse dia que decidiu em nome da irmã, nunca mais nos encontrámos. Fui marcando encontros mas todos caíram no vale da sombra da morte. Tento perceber a razão que ela finca e noto que nada de especial, apenas a distância que quer comigo mas, quanto a mim, '*desistir é a saída dos fracos e insistir é a alternativa dos fortes*'. Não só, Tranquila consegue perceber a falta de notícias minhas tanto do lado da irmã quanto de mim mesmo. Isso lhe aperta o coração e procura explicações à irmã e esta manda a batata-quente para mim e, gritando: '*liga para ele e não me encha a cabeça.*

Tranquila, amorosa e emocionada liga e tenta perceber os factos. Só lhe digo que a relação não começou mas já está no seu fim, tudo devido a uma revelação e que *"já estou a sair, tentei insistir mas não tenho sucesso"*.

– *Não pára de reconquistar minha irmã, ela fala muito bem de ti e sinto que ela te ama mas pelo que ouvi, nossa irmã mais velha não quer que vocês continuem mas não podes aceitar isso. Quem ama sofre, aceite isso.* – Tranquila tenta me enforcar a continuar com a batalha e me dirigir um ditado no qual *"quem aceita a derrota é um covarde"*.

Mas eu não quero admitir essa hipótese se ser um covarde porque mesmo que não tenha capacidade de reconquistar Malvina, de nada posso me considerar essa expressão tão covarde de si mesma. Mas Tranquila chamou-me atenção em volta do nome ou categoria nova que poderei carregar caso me envolvam a derrota que a irmã me declara. De todas formas possíveis tento cobrir os corações das duas mais novas para que não me considerem tão fraco pois o mais pesado já fiz. Consegui conquistá-la mas devido ao dilema que declarei estar a passar, ela me escapou como presa, das mãos daquelas armadilhas que meu pai me ensinou a fazer no campo para apanhar carne ou afugentar animais das machambas. É assim tão complicado quando Malvina me informa que a irmã tem planos de informar ao pai e por fim, à toda a família acerca do caso a que Malvina está para me meter. Fico cada vez mais perplexo e lançado ao mundo dos meus pensamentos inconscientes para que o subconsciente tenha azo ao trabalho e buscar as verdades que esquecera em volta da revelação que fiz – o estigma que iria sofrer. Daí que quase todos encontros são boicotados mas eu insisto.

Marquei um encontro para este sábado mas o desencontro volta a carga e nada posso fazer.

– *Eu quero muito ficar contigo mas a minha irmã me promete falar com papá, ele vai me tirar de casa e é por isso que estou mal, quero você mas minha irmã diz que não posso porque é um risco para mim.*

Faço todo esforço para ganhá-la de volta mas não sou capaz.

– *Acima de tudo, vamos nos amar sem riscos para ti, prometo e garanto. Me aceite meu amor.* – são as lamentações que profiro como suspiro de um amor correspondido e mal seguido apenas devido à descriminação que o mundo me põe a carregar nas costas. A verdade é que nada mais me resta senão esperar por qualquer decisão possivelmente contrária a que agora rasteja na minha cabeça. Sempre que me liga ou manda mensagem, fico sem muitas palavras a dizer *"eu vou indo triste como sempre, por não poder te ter como minha. De verdade lamento bastante este facto e nem sei o que fazer.*

Gostaria que um dia te desse o meu beijo despertando juntos do mesmo tecto mas, é triste a decisão da tua família. Nada eu posso fazer, cabe a ti. Eu apenas sei que te amo e gostaria que fosse assim para sempre e a meu lado, te protegendo e cuidando.

Mas a vida não pára porque o amor fala mais alto que eu.

Capítulo XVI – CAROLINA

Nos anos da escola secundária conheci várias pessoas belas, brancas, negras, sorridentes, explicitamente chatas e outras tantas alegres. Nas belas paisagens da minha terra as plantas verdejantes ao florir do sol bem amarelado – sobre as águas milenares com seu fogo tão ardente e asas mistas aos raios que só têm centro e não uma dimensão real, nascendo nas manhãs de verão quente que meu país têm – iam as folhas das mangueiras, papaieiras, cebola e alface, coqueiros e capim tenro, adensando mais e tornando-se velhas a cada minuto até que por mais sóis que nascessem, tornavam-se amareladas pelo envelhecimento até perder a cor clorofilina da natureza. Iam também as flores abrindo seus frascos naturais de perfumes muito fortes e únicos. Uniformes de cheiro que sua mistura só as abelhas sabiam, sabem e saberão tratar. É sim, um mundo de palavras não ditas mas sim feitas por milagres Divinos. Nasciam naqueles globos encaroçados as pontas das folhas ou zona de crescimento, passados alguns dias, explodiam ao raiar do sol para dar beleza e aquele aroma das belas savanas da terra aos campos onde os camponeses arrancam a vida que tanto lhes carece o mundo.

Vida que é sobrevivência e sustento acompanhado de sacrifício impossível mas realizável, onde para tudo "Deus dará" pois, velhos já cansados de tantas estações, temporais, tempestades, maremotos, homens e mulheres de corpos e troncos rudes à natureza e à Savana-mãe, musculatura tensa ao pegar no machado e enxada no ombro, catana no punho embrulhada pelos cinco guerrilheiros, jovens esperançados pelo amanhã que não se vê nem se conhece, namorando às escondidas das matas e fornicando à luz da lua cúmplice de tantas gravidezes sem pai ou sem tecto, crianças inocentes brincando nos carreiros, avistando e destruindo o esforço feito pelos mais velhos na busca do hoje nocturno e o amanhã, outras gemendo por trás dos colos de suas coitadas mães impregnadas de pecado mortal e eterno de carregar esses pequenos seres durante nove meses, sentir a dor fatal da abertura infernal de suas coxas e colocar à disposição do sol e lua, terra e fogo mar e água, bondade e crueldade, enfim, dar vida a uma criatura que não se sabe o quanto poderá ser o seu futuro, não se sabe se respeitará a dona das coxas rasgadas por esta cabeça mole que sai e espreita o mundo, são crianças que voam como pássaros sem asa, sentem o seu mundo mais pacífico que o meu, sentem a inexistência de guerra e fome, eles brigam com a mãe e depois com o pai quando estes não lhes dão o suficiente para encher a barriga e só.

São membros de uma sociedade que se cruzavam e curvavam seus ombros e colunas cansando as articulações dos dedos e abraçam as brincadeiras e charruas humanas para arrancar as fábricas naturais de perfumes, com o intuito de lançar ao manto terrestre novas pedras viventes para deles nascerem moles e duros caules que a qualquer dia darão o alimento e alento tão desejado pela população. É por isso que nas terras de Coonha nascem grandes e reconhecidas mandiocas e lá brota, dos *sithsindro*, a famosa *rale* que alimenta produtores, turistas e quase meia parte de gente carente vivendo nestes bairros de *Xinhamkanine, Xipaganine, Maxapene, etc.* Lá de Coonha brotam o piripiri "sacana", o mel e tantas outras plantas que, a *bel*-prazer, são objecto de cobiça dos homens de negócios, tal qual é o caso da Saboeira que no meio da mata brotou para dar fôlego e energia ao tão almejado desenvolvimento pelo meu país de *switereka* e vandalismo que nunca têm resposta do meu governo. É uma fábrica totalmente virada à diferenciação entre camponeses machambeiros, dos funcionários da empresa, mestres de máquinas e os empilhadores e empacotadores que, pouco e pouco vão ganhando nome nas redondezas e, mulheres de todas faixas se entregam pelo simples facto de ter no fim do mês, o dinheiro que só poderia adquiri-los após a colheita anual em machambas que nem sempre dão a mesma quantidade e qualidade. Bem que é louvável mas o HIV que não olha às condições das presas, ataca e destrói tudo e todos que cruzam seu caminho, seja qual for a marcha, com o risco maior entregue às senhoras que por nada se entregam a estes funcionários. Mas a vida não pára por estes momentos de pensamento por vezes ruim, há quem se entrega ao trabalho árduo de colocar conhecimento às pessoas que tanto a desejam. Daí que o ambiente de trabalho aqui não fornece mais do que um ensino.

De lá não só saem a *rale* e piri-piri. Muitas das meninas e meninos que compõem esta cidade estudantil também são fruto dos amores que acontecem naquelas barracas que se estendem ao largo das machambas e savanas verdejantes que produzem as mandiocas. Aqui onde vivo, as barracas de caniço, *macute* e chapas de zinco bem-vindas do *Djon* ocupam o maior espaço do bairro da Paz. Vivendo meninas e meninos vindos da terra de mandioca.

No meio deste lar estudantil sem direcção vive Caró, menina bochechuda, cheia de carnes e apetite de conhecer muitos e grandes amigos. Ela vive com uma irmã que se colocou a ocupar aquele lar para desempenhar suas actividades académicas e profissionais. Ela é tão chata e não deixa que nenhum chanfrado pouse seus braços nem olhares esquecidos nos ombros e costas da Caró. Eu me sinto muito atraído por ela mas estou mentalmente proibido de declarar-me. O que faço? O melhor que me resta é esperar por qualquer oportunidade de ausência da irmã e aí ela não falhar-me-á. A verdade reside no meu íntimo e ninguém mais sabe os meus planos.

O azar cai-me quando as duas se separam para um outro aposento e lá se colocam sem eu saber onde. O real é que Caró estuda no mesmo sítio que o meu, apesar de frequentar uma classe mais inferior, aliás, ela acaba de entrar e eu estou como finalista. Enquanto o ano termina e eu me submeto aos exames de saída, ela esconde o afecto que sente por mim. Amámo-nos como duas linhas férreas que caminham juntas e nunca se tocam. Carregamos um fardo que nos é difícil tirar e mesmo suportar é confuso. Em certas ocasiões me meto no carreiro que sai do mercado popular para sua casa e lá procuro formas de vê-la mas não consigo.

Saído da cidade antiga e já na "terra dos bandidos" me perco de vista das pessoas que sempre gostei e não acho forma ideal de recuperá-las. De vez em quando me ressabio, quando chego de visita à terra conhecida e natal e apanho toda gente contando histórias sobre meu desaparecimento, até Marla se queixa do que terei feito mas, mais nada me resta senão um punhado de preocupações e lutas em me libertar do paupérrimo estado em que se encontra minha família e isso só poderá acontecer com a minha continuação lá naquela cidade, aliás, já não tenho compromisso com Marla pois aquando da véspera da minha saída da cidade, tantos foram os pontos negativos que envolveram famílias inteiras com processos sociais que a sorte não pararam na justiça e nem outra dimensão a que estávamos colocados. A terra me recebe com júbilo daqueles tempos que fui marcado como águia voadora pelas cordilheiras da avaliação, sendo o alpinista mais cotado sem medo nem problemas nas manobras fáceis e perigosas que se faziam sentir, pior é que sempre que o mundo fosse simples, eu caía nas valas mas quanto mais complicado fosse a prova, somava pontos e me sentia mais forte do que a própria palavra.

Caró após terminar a carreira estudantil e colocou-se a leccionar naquelas instituições preparatórias e lá fica ela desaparecida mas, devido a sorte e a demonstração que sempre vivem nas caras dos homens, mais uma vez volta sua cara para meus olhos. Agora mais redonda e constituída, trabalhadora abnegada aos seus préstimos essenciais e familiares, procurando por uma relação que lhe desse um amor profundo e que culminasse com forte e aplaudido *muthxado ni lipango* para que a vida se torne real em todos domínios. Estamos em viagem e que muito próximo ela alcança a paragem e tem que ficar e eu mais abalado porque este encontro fica marcado pela ausência de tempo para continuar a reconquistar o afecto que nos consumiu a anos atrás. Ainda fico comprometido em procurá-la um dia que não conheço. Tenho que sair lá da capital para estas bandas mais campesinas para encontrá-la e dar seguimento a reconstituição de um dos nossos velhos sonhos. Ela já foi mulher para mim mas em condições impróprias e isso me colocou nó e soluço que levar-me-ão até o desaparecimento físico antes de desculpar-me. Sinto a derradeira culpa de ter sido primeiro homem e apenas ter lhe causado tanta dor e nunca mais ter-me como homem. Doloroso também fica para mim o peso de razão de ser marido que sempre procurei achar e ser com ela.

Enquanto não vou visitá-la prefiro vomitar este *xithsungulo* que me reside a garganta. Sou contentor do vírus e não posso me colocar a seu pé sem conhecimento. Melhor é dizê-la antes da minha ida a Mabule a seu encontro. Logo que me afasta da linha de combate fico sem pensamento claro de mim, mais uma vez me sinto desprezado pela pessoa que sempre alimentou afecto e amor.

– *Te falo verdade que não te odeio mas não vou mais a tempo de te ter porque sou o que sou e tu me rejeitaste. Guarda com amor e carinho quem merece. Não sou eu. De mim, saiba que fui teu primeiro homem e quis que fosse também o último mas me rejeitaste. Ame a quem está saudável.* – sinto que estou vomitando cânticos podres dos meus últimos dias de vida e logo a seguir oiço uma voz que me diz para perdoar. Entendo e me deixo levar pela verdade que filho unigénito de Deus veio fazer a terra.

À resposta de meus doridos momentos e palavras, ela não cai na decepção e solidão que me aflige mas "não quer me deixar aflito (?)". Pensa, pensa e pensa mais. Decide e me acaricia com sua voz feminina já desaparecida de meus ouvidos.

– *Quem é?*

– *Sou eu, Caró. Peguei no telefone só para pedir que não me apagues da memória, lembra-te de mim com um sorriso e guarda-me como eu te guardo com amor, carinho, amizade e muito orgulho.*

Sinto falta de condições para corresponder e procuro algo para fazer na minha volta pois nada me resta das réstias do meu dia. Penso em voltar a ligar mas as favas da minha arrogância me pedem cinismo e imploro que isso continue. Envio mensagem com promessa de voltar a ligá-la mas só o tempo dirá. Sei que não tem marido e eu serei.

Capítulo XVII – EXAMES DE ADMISSÃO

A admissão ao ensino superior me apanha sem intenção de melhor coisa fazer. Deleita-se apenas em me pedir certos favores e quando não consigo me vem à carga: *"boa tarde tudo bem? Quero o exame que pedi, será que ainda não foi possível me arranjar?"* Quando ligo não acho correspondência e, na minha pobre marca tento retribuir mas, bem abatido *"Malvina, me atenda. Porquê me deixa escancarado na linha? Será que por não ter trazido ainda o enunciado, mereço este tratamento?"*

Domingo bem cedo, me pede que vá apreciar as listas afixadas para o conhecimento dos júris e códigos. No local, ligo e ligo mais mas, ela mantém o silêncio característico destes dias. Finalmente me procura ligar as sete da noite e me pede calma porque de momento está a fazer cama dos miúdos da família. Não recuso mas o tempo anda como uma ave impossível de achá-la lá nas alturas. Instantes depois só pergunto *"ainda não terminaste?"* Responde-me com muita sofreguidão que o desprezo lhe dá, percebo logo a anorexia que lhe fustiga a alma, apenas em falar comigo. Para não me apoquentar mais, pego no meu forte e transformo o ecrã do celular em papel branco de Luís de Camões.

Ano novo, planos novos
Muita perspectiva,

Tanta expectativa.

Muito nervosismo,
Mais força, amor, paz e alegria.

Não sou Deus para te dar,
Mas sou de Deus e
sou capaz de rogar por ti para que a luz dos Anjos
te ilumine em todos teus bons desejos.

Deus te acompanhe e tenha bem melhor todos
exames.
Meu desejo e honra é de boa sorte,
Bom trabalho e que ingresses.
Amo-te minha jóia.
Deus contigo. Bjão

Na verdade, tudo parece um mundo perdido e sem atmosfera. Tranquila procura sempre me acalmar dos maus tratos que Malvina me dá mas não é dela o carinho que preciso, ainda mais a larga distância por ela desconhecida. Rogo a DEUS para que a saudade e dor que sinto por sua indiferença sejam transformadas em porta aberta para amanhã fazer-se valer tudo o que aprendeu e realize o exame certo e calma, porque eu quero vê-la doutora como eu já sou.

– *Deus te abençoe e, te envio a protecção de ANJOS. Descanse e amanhã me ligue logo de manhã.*

– *Obrigada de coração, que seja feita a sua vontade.*

– *Eu sinto o que um dia serei, apenas espero que seja agora o início desta fase.*

– *Força, não te esqueça que te quero como minha esposa. Quem me dera eu receber teu diploma na nossa casa e já casados. Enfim, boa sorte. Te amo Malvina.*

Já vai uma semana de exames realizados. Os três irmãos e muita outra gente esperam pelos resultados imprevisíveis apesar de dizerem que realizaram bem e certeiro. Hoje o dia nasceu bonito e sem esperar, liga Malvina a pedir que eu vá ver os resultados para os três uma vez que para a confirmação dos nomes nas listas quem foi sou eu, sem obstrução de tarefa me manda para os resultados. Porém na maior universidade de todos os tempos as pautas são apenas electrónicas e para tal tenho que procurar por uma *net café* e, antes disto, ela volta a me ligar desfazendo o fardo de procura que tenho: *vai para casa ou faça o que te apoquenta e não se detenha em mim porque já mandei meu vizinho e ainda não há nada.* Fico mais desolado com a falta de consideração até ao ponto de recomendar a tarefa a outrem que na verdade não confirmo que seja vizinho ou alguém simplesmente conhecido, colocando em mente a *minhoca* de alguém conhecido e que seja algo íntimo dela mas, quanto a este aspecto, as duas irmãs já me disseram que é uma caseira a vinte e quatro horas com pequena excepção de cinco minutos antes e depois da entrada ao serviço.

Passados dois dias, vou ver de novo as listas electrónicas e descubro que os três irmãos passam sortes diferentes, Malvina admite e os restantes não. Será que terei sido algum obstáculo para tal, porque mesmo ela vai a um ramo opcional e sempre me falou que não era de sua total preferência mas sem nada a fazer teria que optar em pegar.

Ela tem agora de inscrever-se para arrancar com as aulas brevemente. Ligo e me manda esperar por uns dez minutos. Volto a insistir; o telefone chama uma, duas, três e quatro vezes. Só na quinta e quase a cair é quando entra em linha e envolvido de nervos, emoção e medo desabafo *"olá Malvina, tudo bem?"* Evidente, já chegado o momento das matrículas de ingresso ao ensino que acaba de concorrer, vejo ela sem tempo nem para atender minhas chamadas, dividida entre o serviço, as bichas da faculdade, do banco e nos chapa-100 que não param de andar cheios, dificultando mais a vida desta minha pretendida.

– Ai, ainda não estou livre; ainda não consegui realizar a inscrição. Por acaso não conheces alguém que possa me

ajudar? E volta a contradizer-se, talvez por trás de orgulho
– *mas não precisa preocupar-se, eu me arranjo até conseguir.*

Esta contradição não me dá muita paz por entender que ela está sofrendo mas devido ao espírito de tranquilidade que é hábito da família, não gostaria ela de se colocar abaixo das suas necessidades extremas e encaixotar-se na derrota. Para a família, só a glória existe e nada mais, por isso que Tranquila me manda calar a boca de dor, cabendo-me render a derrota sem confessar o fim da guerra. Mas eu não faço parte da família talvez faria algum dia mas não me deixam furar esta barreira chamada "desamor" de Malvina. Será que tê-la-ei algum dia? Serei um amor àquela formosa de corpo fino e meio mais alto que o meu? Ganharei de presente sua paixão e chamarei a ela de esposa? Caso não consiga isso, estarei num internamento dentro do meu âmago por falha amorosa aguda. Ai Deus, olhe e vele por mim, desse hospital não quero fazer parte, eu gosto de mim apesar dos contornos que a vida me faz nesta terra que o *Senhor* me colocou como célula integrante das sociedades humanas que aos poucos vai destruindo a natureza.

Ligo hoje, segunda-feira para saber da situação da Tranquila após a não admissão ao ensino superior de que tantos pensam e muito sonham. Para ela foi um grande azar pois ao facto nunca se deu o luxo de chamar as desilusões ou melhor o que sai fora dos planos como algo anormal, para ela tudo está *tranquilo*. Aliás, em todas vezes que com ela falei nunca se queixara de algo triste pese embora os constrangimentos que a vida lhe tem dado. Melhor ainda, ao saudá-la sempre responde *"está tudo tranquilo"*. Fico sem saber se alguma vez já sentiu a dor de um infortúnio por qualquer que seja a razão porém, sei apenas que ela é mesmo, a dona Tranquila.

Me sinto entregue a um mundo que só a tristeza me ampara, se para dona Tranquila tudo é tranquilo, para mim, devido a irmã, tudo é inferno e ela sempre me diz – *não se deixe levar por nada do que sai errado ou que ainda não saiu tanto ao seu desejo* – mas para mim, nada de mau merece um lugar plausível para palmeiradas de satisfação ou deixar andar a dor que afaga a pouca alegria que me tem aparecido.

Aqui fico sem saber se sou eu a dor ou o imundo me é digno por vontade de *sathane*, ainda mais que sei que *"preocupação é o passatempo favorito do diabo"*, não deixo de me preocupar não pela sentença que me foi ditada sem saber mas sim, de ter alguém que me acompanhe nesta cadeia que me levará até a morte; companheira sim, mas que não vá viver comigo em sangue, carne ou vicissitudes de tanto inferno mas que me veja e vele por mim para que a justiça sinta piedade de mim e me solte mais cedo, mesmo que condicionalmente, se possa viver muito tempo dentro desta tranquilidade que dona Tranquila sempre teve. Talvez toda família nascera ou surgira da felicidade pois mesmo Malvina nunca mostrou muita preocupação nos factos que tem passado, sempre que vou a ela reclamando de tanta falta em mim ou que não tem tido tempo de me ligar ou levar-me ao lazer, me manda esperar por uma bicha invisível e que fica aqui à minha frente sem saber onde desaguará ou colocará sua caminhada final... não me aguento longe dela mas ela é muito alegre longe deste corpúsculo que vagueia nas terras distantes de sua terra natal.

Com a não admissão ao superior, Tranquila vê-se sem chão para pisar e um caminho há e é a terra mais fria que o país tem. Ela tem que ir mas antes de conhecer-me. Tanto luto para que uma vista e despedida aconteça.

– *Tu, dona da irmã não dás espaço para que tal acontecimento tenha lugar, porquê? Será que não tenho merecimento ou não sou digno de um festim onde eu me divirta com minhas cunhadinhas?"* As ideias não me faltam nem tão pouco porque de vontade estou cheio uma vez que ela me conhece – como me dizes e não confirmo. De todas formas tento coagi-la a marcar um encontro entre ela, as irmãs, eu e o *puto* com quem vivo, talvez assim em conjunto poder-se-iam dissipar as dúvidas ou carências emocionais que ela leva a fim de me colocar em último plano de sua existência. Ligo para as irmãs, mando meu menino mas nada disso lhe faz mudar de ideias. Mantém-se calada e igual a ela mesma.

Capítulo XVIII – PRISÃO PERPÉTUA (?)

Será que estou me conformando?

Não acredito ainda mais que Lecha não aceita que eu aceite a derrota. Ainda mais, por ela devo ir ter com os pais. Será possível? A ideia não é maluca mas está fora dos parâmetros de que me digno essenciais para pôr cobro a esta situação, me jogo entre ter e não ter o ovo como o da última *chance*, cairá e quebrar-se-á e mesmo, mais nada posso aventurar; ainda mais estou tentando me desfazer de um amor mal correspondido... quem sabe se descobre que ando atrás até dos pais de uma segunda relação escondida aos meus pais e depois dela, o que será de mim? Já fiz tantos projectos e tenho aval de tanta gente que me acompanha em pensamentos para além desta não abdorta mas, tanto outro mundo que já me fez e faz companhia nestes momentos. Tenho o crédito quase a ser aprovado com a existência de Naé e que sol a sol, lua a lua me dá relatórios de que aqui não foi possível talvez o outro sítio a que fui recomendado, acolá? Claro, tantas são e foram as manobras de me colocar à beira da sua cintura e assim me poder domar sem piedade mas, a graça de Deus foi me jogando à normalidade os factos, me ensinando a distância que devo ter em conta entre eu e ela; não seria mau haver um intercâmbio permanente entre nós dois mas, viver no nariz de uma perdição seria péssimo. Quem diz ou pensa o que amanhã seremos? Aliás, o ambiente vai se mudando nas nossas faces sempre que nos julgamos fortes personagens deste romance: no princípio era tudo maravilhado mas, com a existência de mensagens redigidas por imagens esquisitas ao meu pensamento, tudo começou a arruinar-se dentro das minhas viabilidades de continuidade. Senti que seria um mundo macabro almejando diluir meus miolos com o álcool nunca fermentado, carregar meus prognósticos de uma vida melhor à uma totobola ou lotaria nunca existida.

Sinto que estou tentando amar alguém para poder esquecer este martírio mas a verdade também me nega. Por entre palavras e promessas, um namorico à distância e presencial, pão doce e amargo do Diabo, vamos nós nos acotovelando neste caminho com destino à felicidade mas não me esqueço que levo umas algemas nos pulsos já emagrecidos de descobrir minha realidade. Paro, penso, a dor me consome e prefiro levar avante a mentira. Deus eleva sua face e olho-a-olho, sinto vergonha de mim mesmo e não decido por hoje, quero que o fruto amadureça para que possa arrancá-lo meio ou totalmente comestível. Ela nunca pode imaginar o que me apoquenta pois, nunca coloca isso na cabeça, apesar de todos esforços pedindo por uma vida totalmente de um mundo positivo porém, ela não se coloca a este nível e não sei porquê. É mãe – também como Naé, a diferença maior e muito importante é que, ainda não existindo um Umbino dela a carregá-la para seus domínios, apenas deu Melita e se foi como um *nyangafula* da época chuvosa que sem piedade desce lá das alturas e tira vida a qualquer ser.

Lá na terra onde nasci, *dzi nyangafula* são propriedades de pessoas iguais a mim sendo diferentes pelas capacidades arrancadas no fundo do mar por homens que viajam atravessando estas estradas inexistentes e que, pelos focos da natureza, são levados e encurralados na boca da ancestralidade africana e imaginamos um naufrágio ou afogamento. Só os defuntos médicos não prosseguidos como o recém-defunto não morto, lá no fundo do mar se ensinam, conversam e se falam de segredos que a sociedade nunca soube e nunca saberá explicar acerca da vida no mundo. Estes homens só saem das profundezas após tantos dias de castigo aos viventes e na hélice da minha tradição, só o *nyadzisolo* pode explicar este e vários actos e mitos que nos subjugam. Subjugam sem ter a noção de quem somos (?), mas nunca se esquece levar ao além, qualquer membro da família que não se apressa aos *dzisolo* acabando por acolher com a grande informação dos *dzinguluvi* à busca da manifesta necessidade de livrar do além-mar e além vida, o defunto que vocês veneraram por muito tempo pensando a sua realidade inexistida. Ele foi sim um defunto pois desaparecera na mesma circunstância que os outros se transformaram da vida ao além das raízes e troncos anelados com tecidos coloridos e que a cada ano coloca-se o sangue de cabra ou vaca, detritos interiores do estômago e bebida bem fermentada nos *sikhwati* onde as *dzi lambiki* destilam o tão forte *tom-tom-tom* muito aderido pelos meus *madoda* e consequentemente por aqueles que pereceram usufruindo do seu deleite alcoólico. Após muito *tam-tam* daqueles tambores da minha terra, é hora para pôr os defuntos a dançarem ou é momento do *n'hanga* pôr a cobro a devolução condicionada ao silêncio, sem exclamação, sem choro de bebé, sem miúdos que não tenham ocupação, sem desespero, sem calar a batucada muito menos os cânticos, sem sono e passando sóis e luas ou escuridões em claro... aí sim, o futuro *n'hanga,* formado no fundo do mar, é graduado com a pele tatuada e coberta de carapaças marinhas, *dzi thsorohoro, massinda* e demais objectos tidos naquele vão à minha vista, ele sai preparado para curar e matar, sai forte para defrontar a força de Deus e sai capacitado a recolher todos *nyangafula* que o mundo tem para pôr a seu poder e ninguém mais "me chatear"; é agora sim que com todo arsenal a seu favor, a qualquer chuvada, ouvir-se-á a trovoada saindo das alturas mas a dura pedra celeste já não vem dos céus mas sim da cabana construída para os *nyamusoros* e com destino prévio, calcula a distância a cai aonde é comandada, aqui destrói machambas, casas, pessoas, plantas e tantos animais. É o poder da pedra.

Dona Tranquila também não me deixa recuar porque acha-me um lutador incansável e também sinto que ela me quer como um cunhado abraçado às mãos da Malvina mas esta já se sente fora de si mesma, aliás, a família está toda de costas viradas para mim, não querem saber do nada que ela possa fazer a meu favor. Por tanta insistência que faço para que tenhamos mais um tempo de conversa, respostas são sempre negativas.

Hoje passam doze dias do mês de Setembro e não me faço de indignado de ser um mês sempre negativo para a família mas não me interessa recordar esses momentos porque o melhor na vida é esquecer os baixos momentos e carregar alto a luta pela vitória. Após uma grande conversa, de lamentações e lamúrias que coloco nos ouvidos finos de Malvina, ela me responde com um pedido impossível de esperar, mais complicado que o ambiente que eu sozinho vivo no interior: querer uma mulher da qual sinto muito carinho e o não ter armas suficientes para ganhar seu amor, muito menos paixão. Pela primeira vez, após tanto tempo bom ela vem:

– *Wumbua, vamos parar!*

Estas palavras acabadas de escutar pela boca de quem tanto me quis, me deixam sem jeito para continuar trabalhando nem passar a noite que já estou na cama tentando buscar o sono para um descanso e que para o dia de amanhã, minha rotina será sair de casa, passar da casa de Naé com quem ainda namoro mas com graves problemas conjugais e, depois ir trabalhar.

O dia nasce sem pensar direito. Naé descobre que estou confuso. Me questiona e, para me livrar deste pesadelo que carece meu repouso mental, para ganhar mais poder e leccionar a matéria que me predispus a colocar nas cabeças desta criançada que me espera, tento disfarçar a preocupação mas, palavras me atacam os nervos e prefiro arriscar um pedido de desculpa por tanta insistência mas nem isso dá paz à cabeça de Naé. O meu instinto poético renasce e recrio palavras já tão divulgadas mas que sempre dão *papo* às vontades amadorísticas com a menina que me mete nesta confusão tremenda. Procuro escrever o que sinto à Malvina:

> *"Apetece-me dizer-te uma coisa:*
> *pequena e simples, bonita e agradável,*
> *curta e directa, bela e emocionante*
> *Enfim, quero dizer... TE AMO!"*

Estas palavras não me dão confiança de recuperação da grande paixão que o mundo me mostrou ao trazer Malvina à minha escola mas, uma surpresa me surge após ela me ter falado ao telemóvel dizendo que não queria nem pensava mais em falar comigo; que linda surpresa, nunca pensei que num momento tão difícil como este poderia descobrir mais alguém que fosse o que eu sou:

"– A lua no Céu
As ondas no Mar...
Flores no Jardim...
E tu?
'No meu coração!' Beijo".

Com a recepção mista em alegria, tristeza e ansiedade, a mensagem de semi-consolação, meu âmago volta a tentar respirar o ar de alívio apesar de ainda faltar oxigénio indispensável a todo vivente deste elemento do Universo que, aos poucos, vai destruindo seu próprio habitat só porque a vida obriga a existência de diferenças entre países, sociedades, culturas e vários outros factores destacáveis na convivência pouco pacífica mas na verdade, um acto de luta pela sobrevivência. A mensagem tentou me acalentar tanto que meu peito ficara tão abalado e, com esta mudança repentina do estado de espírito, prefiro enviar-lhe uma correspondência muito satisfeita pois, penso que *de tudo o que a vida me dá, nem tudo me faz feliz, mas quando me lembro de tí preencho o espaço vazio em mim, por isso desejo os melhores passos na nossa vida, te amo Malvina".* No concreto não sei como ela receberá esta mensagem que escrevo cheio de esperança que ela volte a me dizer algo bonito mas, o que recebo é mais um troco esquecido por Luís de Camões quando nos fez descobrir sua poesia romanesca, dado numa hora que "mais uma" vez vou me lançando à cama para esquecer o dia tão pesado que passei pensando em todos assuntos que me fazem passar os minutos desta escola onde sempre procuro viver ou sobreviver à custa do meu simples amparo:

> *"Mais um dia, mais um sonho,*
> *mais uma vontade, mais uma saudade,*
> *mais uma noite, mais uma esperança de te ver*
> *mais uma mensagem te envio e*
> *mais uma verdade te digo:*
> *Te amo – boa noite."*

Logo de manhã nada me resta saber senão esperança e mais esperança, não acredito que por entre mensagens feitas nas pressas ou pensadas exista ainda aquela mulher de que me apaixonei mas hoje, devido ao estado que não sei como o busquei e de onde, me coloca à prova de grades sem ferro. Me vejo metido em canções de uma revolução que não precisa de arma nem partido, uma revolução em só um dia, um alguém de quem não tenho nome nem sonho de conhecer, lá nos grandes laboratórios trará solução, mesmo que não seja ainda para a minha época, alguém vingará o sofrimento que hoje vivo e comigo vive muita gente. Avesso a este sentimento de perda e derrota que a vida me dá, ainda sobra momento para continuar recebendo mensagens de alento vindas desta pessoa que me faz o maior castigo e pior negação nunca pensada passar nalgum dia da minha vida. Malvina continua me enviando, para além de que eu sempre ligo pedindo pelo retorno às conversas mais civilizadas longe dos impedimentos que sua família coloca como barreiras imortais e infernais de um amor que só dois *ensinadores* podem criar mesmo sem se conhecer anteriormente, aliás, nem todas relações começam por vista a dias prés tomos, tudo começa no meio de desconhecidos que – quem sabe – só Deus tem explicação. O dia foi tão árduo pela junção dos factos e ela assim vai fincando mais a posição, apesar de tentar me alentar nas mais boas maneiras de ser. Ela não aceita que não me quer apenas; manda ficar um tempo que não sei quanto e tanto nas manhãs, quanto nas noites, não se cansa de escrever:

– Sonhei com um anjo a dizer que só tenho um dia de vida mas chorei muito e pedi mais três dias:
- *Um dia para te ver*
- *Um dia para te beijar*
- *dia para te sentir.*

E, continuando com esta declaração que nenhuma diferença me faz, questiona *"se fosse você, o que faria? Boa noite meu bem."*

Será que sou mesmo seu bem? Far-me-ia comer o pão que o Diabo amassou? Puxo pela memória mas não acho resposta; o que me resta é lutar até tentar vencer pois, de mim *"o pensamento tem a capacidade de levar-nos aonde queremos e o meu, neste momento, levou-me ao seu encontro apenas para lhe desejar feliz noite meu amor.*

Amanhã é dia de meu aniversário. Não tenho festa marcada, não tenho programa especial marcado para tal, estou abalado e que não posso pensar no que me é objecto de felicidade.

Paro que nem um ser plantado no meio da rua, afugento tantos pesadelos e sonhos que me vêm nesse momento quebrar meu jejum de felicidade, eu aqui parado sou barreira e ao mesmo tempo obstáculo de muitas pessoas que me querem bem: tenho Naé me empacotando a paciência com seus momentos de orgulho excessivo, Landa me liga porque as saudades a enfrentam como uma II guerra mundial, falando da bomba de Hiroshima e Nagasaki; ATT (sigla muito importante na minha vida) também me quer ver de todas maneiras possíveis, e Milda? Também se encarrega de me procurar à saída do serviço. De facto, uma conduta destas é errada mas o bom é a informação que divulgo logo que pretendo me envolver com alguém: digo quem, o que, quando, como e para que sou perante sua pessoa. Reflicto no meu presente e futuro, o que na verdade passa a ser minha vida a partir já, penso no que posso fazer para que passe mais um dia de nascimento ao lado de alguém que me faça feliz. Todas avenidas da minha cabeça vão dar em Halene, bairro residencial de Malvina; é a única com quem pretendo partilhar momentos felizes a partir de agora pois, Naé já está longe de mim, viaja nos pensamentos estranhos que só sua mente conduz um velho trem que quanto a mim, o orgulho é a via única para almejar seus intentos. Estamos juntos porque ainda não nos despedimos mas já não somos o que fomos desde Outubro desses dois anos atrás. Finalmente, a manhã já vai às nove horas e mando mais uma frase das que todo mundo conhece:

– *A noite é uma viagem cheia de riscos, por isso, quando amanhece os familiares e amigos devem celebrar e felicitarem-se dizendo: bom dia! Tenha um dia feliz.*

A reacção à estas palavras é tão agraciada por ela falando um pouco do dia que nasceria depois de hoje. Aproveito colocar meu convite para um lanche ou saída, dependendo dela para qualquer sítio alegre para juntos celebrarmos o meu aniversário. Coordenamos em nos encontrar no dia, as quatro horas da tarde depois de sua saída do serviço uma vez que eu não trabalharei amanhã. Noite adentro confessamos dizendo verdades e mentiras que o outro não sabe. *"Eu sinto muito amor por tí"* e *"eu também"* e por fim o sono ataca a mim primeiro. Esperando pelo vigésimo sétimo nascimento, a euforia sobe e atinge o clímax criando em mim mil e uma esperanças de presentes que choverão amanhã ou pelo menos muitas mensagens de felicitação pelo aniversário. Me acasalo com o sono que está deitado na mesma cama que eu me instalei para falar com Malvina na mais amigável e apaixonada ternura de tê-la como mulher e amiga de todos tempos, companheira e conselheira ao estado deplorável em que as pessoas pensam que estou. No meio das paredes dos meus sentimentos vejo nada alterado senão um ponto de cuidado que tenho a colocar no meu diário fantasma.

Diário fantasma?

Sim é. Um dia a dia que me esqueceu até me meter com este flagelo bem marcante na história da Humanidade mas com particular peso para os moçambicanos que nada podem para eliminá-lo. Ademais, é um flagelo para quem o deseja. Eu sou isto porque não fui cuidadoso mas, não tenho limite na minha vida. Ser o que sou não é o fim – já disse antes mas, palavras e cabeças que se fazem ocas, pessoas emissoras e receptoras que não se dão tempo para estudar as realezas do caso, acham, pensam, falam que SIDA veio para eliminar a África. Olha, comem os dirigentes negligentes, os valores que são enviados para nos curar ou pelo menos nos diminuir a carga mas o que as receitas dizem, é conveniente para uma vida longa e igual àquela que a Divindade planificou, não sei aonde, para cada residente deste planeta.

Tanto a tuberculose que é doença que todos acham normal, candidíase, gonorreia e muito mais desequilíbrios fisiológicos e anatómicos são apenas o que são mas sim, todos curáveis mesmo que canalizem o tal HIV. Aceitem senhores, a vida não pára hoje nem amanhã devido a esse invisível bicho que não tem nome nem uma forma de actuação isolada – veja só, sozinho nada faz e o que resta é cuidar-se do que possa surgir sendo só você e você mesmo, diferente e igual a si sem comparação com ninguém.

Hoje é sim, meu dia. Minha mãe está lá muito longe de mim, ninguém dar-me-á aquele abraço que um menino – mesmo grande sempre é filho de mãe e é importante reconhecer – precisa receber num dia tão importante nas vidas dos Homens ou acontecimentos merecidos. À minha volta só vejo o ar em movimento, as coisas que a natureza criou: pessoas, as plantas, areia, nuvens e só. A felicidade que eu pensei em tê-la hoje não passa de uma miragem reduzida a pó por pensamentos que ridicularizam-me.

Passam já das cinco da tarde e não recebo nenhuma mensagem, pessoa, chamada nem mesmo uma carta me felicitando por esta data a vir daquela pessoa com que sonhei para hoje. Da tia Jiana, irmãos, colegas e conhecidos já recebi mensagens suficientemente boas e alegres mas falta aquela que sempre aguardei, pela primeira vez na vida.

A sensivelmente um mês passou o nosso dia. Pedi pela presença de Malvina na minha festa e esta simplesmente caiu fora da resposta que esperei; hoje é o segundo dia de desfeita, ainda, marcante na minha e nossas vidas. Pego no telefone e disco o número que já não precisava procurar, estava já decorada por este globo sôfrego que é a minha cabeça. O que começo a falar é tão chato que se chateia mais ela comigo. Prefiro que seja eu hoje a colocar ponto final a esta batalha que não terá fim pois me dói colher mais uma rosa no jardim da primavera sem companhia apesar da esperança. Ela ronca com furor que imagino. Está mais que uma ferra ferida a procura do presumível atacante para que seja agora atacado mas, acho que percebe a força das minhas palavras e prefere me alentar num colo invisível senão o meu novo *telelé* da mesma marca que o anterior diferindo apenas a referência. Com voz consoladora, transforma sua boca no ecrã do meu telefone e diz em voz bem baixinha: *"hoje não é possível, não pude te informar com tempo por isso sei que ficaste chateado comigo mas, mesmo assim nós vamos sair juntos porque gosto de ti preciso de ti ao meu lado e espero te ouvir todos os dias e até sairmos e ainda mais aliás, não estou bem de saúde por isso não posso sair pois não sei a hora além de voltar para casa.*

A noite demora cair e aqui estou desolado. Naé digna-se em nada de engraçado fazer. Logo que o sol se põe me dirijo à cama e me lanço que nem uma papaia madura no cimo da papaieira; cai sem dó e se despedaça sem sentido e nem proveito. Ninguém mais a quer ver senão limpar e mandar ao curral se houver porcos por perto, caso não, só resta os pássaros celestes, bichos tubérculos e térmites do fundo da terra terminarem o trabalho de decompor em pedaços ainda mais invisíveis. No amanhecer vejo mais um sinal de mensagem recebida e lá está escrito em letras bem claras:

– *Toda estrela tem brilho, toda jóia é valiosa, e toda gente tem seu valor. Mas o teu valor brilha mais que uma estrela, valiosa mais que uma jóia e tu não tens preço.*

O que significa isso? Decido não corresponder mas o dia anda sem esperar pelo fim da minha dor e levo um remate ao anoitecer: *"já é noite. Envio-te uma almofada de sonhos maravilhosos, uma manta de amor para te cobrir toda a noite e uma oração para te proteger até amanhecer!*

Inclinado aos meus afazeres deslocados da hora, eu não correspondo e Malvina volta a questionar o porquê do meu silêncio e aí respondo ofegante:

"Não tenho nada para dizer
estou a lavar, nada está acontecer.
Pense qualquer coisa e diga ou faça para me deixar feliz."

Mas isso não me é suficiente. Só me falta lamentar e pedir mais *"Amor, quero te ver fofa. Estou sedento e carente*

meu amor, 'please'. Te adoro. É por amor que sinto saudades,
não duvide nem se irrite, tá? Diz algo. Bjs

No seu silêncio agora absoluto, vejo-me esquecido no
vulcão Vitória e que qualquer chuva que cair, me afogará
porque este buraco que tirou massa quente do núcleo da
Terra, transformar-se-á agora num grande lago onde
afogado ficarei. Prefiro chorar pelo socorro e a única pessoa
que me pode auxiliar é Malvina.

– Malvina, podes me rejeitar mas, dentro de mim trago
duas verdades: te quero tanto a meu lado e fui sincero a fim
de revelar todas minhas verdades. Se bem que nunca seremos
namorados, rezo que Deus te dê um homem que te queira e
seja sincero como eu pois, caso contrário vou chorar te vendo
a sofrer. Não que eu te daria o Mundo mas muito amor,
felicidade,   sinceridade,   compreensão,   respeito   e
responsabilidade. Podes jogar-me fora mas, me regozijo de
ter-te protegido e desejado te amar para sempre. Malvina, te
amo. Beijos.

Esta mensagem deixa-a culpada de algo que nos roda
mas não se deixa pegar pela força do coração, pensa muito e
nada consegue resolver, pior agora que quero mandá-la
outra mensagem, entendo que vou enrolar mas seus nervos
na tona de minha vontade que seria mais nossa causa do
que só minha mas, entendo ainda que ela está confusa,
calejada por falta de resposta apenas porque falou do meu

caso à família e amigas. Quando percebo isto, mais uma vez, vejo que ela se sente arrependida e ao mesmo tempo deseja estar comigo mas tem o medo pela família. Penso em escrever-lhe essa mensagem e procuro a decisão no meio da minha trapalhice.

Decido que vou mesmo enviar as minhas palavras:

" – *Nunca digas se eu soubesse, porque não há vitória sem luta!*

Acredita em Deus, que Ele deu seu próprio Filho para te salvar."

Logo pego numa folha branca, de brilho que só meu coração vê e sente até hoje e, em palavras mais finas do que o corpo dela, redijo uma redacção que primeiro lhe recomendo que reze esta oração com fé: "– *Meu Deus confio em Ti, porque Tu és o meu pastor e nada me faltará! Acima de Ti, só Tu existes, por isso guia meus passos, não como eu queira, mas seja feita a sua vontade, porque Tu és a minha vida. Ámen.* E, a partir do segundo parágrafo escrevo com fulgor e nervos me atacando ao fundo:

"Malvina, se eu te falei a verdade sobre minha seropositividade é porque quero ficar contigo sob grande protecção. Tenha todas ideias possíveis mas a decisão é tua; de mim espere tanto amor e protecção, não duvide e eu te quero de verdade e muito mesmo.

Malvina, decida pela nossa continuação por favor, não quero te perder pois, se Deus juntar nossos caminhos um dia, entoarei o cântico de vitória de Moisés. Sinto que és barra pesada mas me é difícil desistir. Comecei e eu irei avante até me disseres que não sirvo para ti, caso o seja. Mas se bem que estás a me provar, saiba que não desisto porque te quero a meu lado e perto de mim. Eu amo-te de verdade e ainda quero que te ame muito intensamente. Vem menina, me aceite. Pára de me espezinhar por amor, ME AME, por favor.

Te adoro bastante!

Mando-te essas palavras porque quero amar-te Malvina. Boa tarde.

A tarde cai, a noite segue como vagão que a locomotiva do *Giporro Gya Litigo* puxa quando rasteja cobre aquelas serpentes emparelhadas e que nunca encontram o ponto de fuga de que tanto falo porque aprendi na Educação Visual. Nem quero falar dessa disciplina que me enche a cabeça só de ouvir de longe alguém pronunciar nome tão esquisito e moribundo como esse. Se pudesse desenhar, com a cor do lápis de carvão que escravos da minha terra arrancavam da minha pobre terra, usando as cores que só o arco-íris conhece para não falar do não conhecido primo Isaac Newton em suas experiencias muito vistas e conhecidas e, aplicando a pincelada produzida com os desfiamento do mesocarpo do coco retirado daquelas plantas mais ou menos altas entre dois a vinte metros, colocaria em papel branco minha vida engraçada e mais bela o quanto eu desejo.

Já enviei a carta mas não tenho resposta até hoje. Amanhã é mais um dia e irei trabalhar.

Ao amanhecer procuro pelo carro que levar-me-á a posto de trabalho que nunca muda de lugar nem distância. Ao longo da viagem tento ligar para Malvina mas, talvez devido ao facto de ser ainda uma manhã ainda fresca, nenhuma resposta recebo do outro lado da linha. Só mais tarde ela me liga num momento menos propício para voltar a conversar pois *"Já estou entrando no serviço amor"*.

À hora de volta a casa, bem tarde e cheio de cansaço, procuro forma de me encontrar com Malvina. Uma vez que já me levou até a entrada de sua casa, sei muito bem como encontrá-la e tento ir a seu encontro mas nada acontece, terminando tudo em palavras pois sei que tudo tem uma razão:

– *Que Deus te envolva com uma Manta Sagrada! Fazendo cair sobre ti... saúde, Paciência, Esperança, Simplicidade, Paz, Gratidão, e Muito Amor, beijo.*

Uma semana passa e nada de melhor. Alguns dias passo por casa dela mas nunca deixa de me dizer que gosta de mim mas as algemas que trago nos pulsos me fazem um homem fora dos seus planos de casamento e, por isso, nada de namorico, porém, ainda vai pensar, talvez algum dia tenha uma resposta positiva para nós dois contudo, a esperança é apenas naquele ditado público. Apenas palavras lindas que a dado momento sito que ela mude de opinião *"Oi! Ainda estás aí? É que tenho uma entrega especial para ti: um beijo gostoso! Bom dia"*

O trabalho continua intenso e à hora de saída, peço para que ela venha a meu encontro mas não dá satisfação mas promete arranjar disponibilidade para tal tendo assim que esperar por novas ordens. Assim aos poucos me coloco num grupo de amigos que andam pelas barracas do expresso a trocar copos. Aqui sentado, o tempo vai galgando o dia e a noite já vai a duas horas ou mais. Tento ligá-la para qualquer satisfação mas descubro que há três chamadas não penduradas aqui na *telinha* do meu telemóvel. Ao ligar, sou questionado acerca da minha localização e quando respondo só uma ripostação recebo: *"deu para ver, levaste tanto tempo para me responder. Tudo bem, fica a vontade. Fico feliz quando se distrai com os outros.* Corto imediatamente e chamada e saio correndo para o transporte. Chegado a casa, com cabeça mais quente e deprimida, recebo outra mensagem *"Se toda escolha tem um motivo e toda ideia tem um objectivo, eu escolhi este dia, esta hora e este minuto somente para te desejar boa noite.*

Apesar da dor e intriga, só me resta responder *"Tenho um jantar especial para ti: um copo de carinho, um prato de amor, um garfo de confiança, uma faca de esperança e uma tigela de beijos. Boa noite"*.

Nas lojas da baixa e em todas outras avenidas jazem as árvores de natal colocadas nas montras e nos postes de iluminação. Aqui em casa ainda não consegui comprar mas sinto que daqui a três dias passarei por alguma loja e adquiri-lo. Malvina me faz uma surpresa semi-desagradável pois, como sempre, me envia palavras doces que são correspondidas por actos doridos e sempre complicados e ela começa dizendo *"espero que seja eu a primeira a montar a árvore de natal no teu telemóvel. Boas festas e um santo natal."*

Eu, já atrasado no desafio que ela me propõe, sinto que alguém j colocou essa árvore de natal no telemóvel dela assim, só penso nas minhas palavras doces e adocicadas pelo âmago sôfrego que tenho. Ela me liga a dizer que precisa de algum valor para comprar presente para a filha, pela passagem do natal que não abe onde adquirir. Eu me predisponho para isso mas Malvina me chuta a carteira como um cão vadio passando por sua casa limpíssima como a neve do hemisfério norte e, isso me coloca mais desconfiado das suas anteriores posições mas, num tom mais religioso refiro-me, constrangido:

"*Malvina, Deus vê minha sinceridade, verdade, sentimento e sofrimento que passo por ti. Estou confiante no Senhor que não deixará que meu corpo seja coberto por chagas*".

Se entendesses a dor que sinto por não te ter, não dispensarias em nenhum dia qualquer que fosse minha ajuda. Sinto que nunca te comovi, quiçá porque não tenho capacidade mas, te prometo e garanto: DEUS dos exércitos e do amor não me deixará viver sem você: a esposa que eu quero.

Sabes porquê eu estou mais triste por tí? É por saber ou pensar que tu gostas de mim e me queres mas não me pode amar devido a minha condição. É muito triste mas vou lutar, quiçá um dia eu te tenha a meu lado para sempre. Me aceite Malvina. Quero que sejas minha esposa senhora, por favor.

Para isto, a resposta que recebo é uma bíblia oculta rogando por mim e tudo que me está acontecendo:

"*Nunca cruze os braços nas dificuldades da vida porque o maior Homem do mundo morreu de braços*

abertos; nunca deseje a morte dos que te humilham,
para que eles possam assistir de pé a sua vitória;

Quando alguém lhe atirar pedras não as devolva
mas sim, junte-as e forme degraus rumo à conquista
da sua felicidade;

Feliz semana de natal e próspero ano novo cheio
de sucesso. Beijo. Boa noite

E quanto à minha força de abandonar a luta devido a guerra que minha cabeça enfrenta com ela própria:

"A paz é como uma flor. Quando se rega cresce,
vive e fortifica-se mas quando não se rega acaba por
morrer. Levanta-te e dê um abraço forte à família,
amigos e os teus inimigos e em voz baixinha lhes diga:
'a paz do senhor esteja convosco de hoje para sempre
tanto quanto Deus nos promete".

De e a partir de mim oiço um anjo da tristeza dizendo forte à revelia dos factos de sucessivas faltas de tempo que são a maior justificação para a nossa inexistência na vida mútua: "quando o tempo escasseia ao amor, tanta coisa de ruim abunda na vida de qualquer homem e, quando o amor explode, é difícil controlar a chama. É assim que sinto meu coração a palpitar dizendo para o vazio preenchido pela cara e Malvina *"...estou cheio de vazio de tua cara nos meus olhos. Te adoro."*

Uma vez que o natal é já depois de amanhã e já me encontro na nova residência, mesmo à força contrária de Naé, a mensagens Divinas não param de cair ao meu telemóvel, talvez para me afastarem dos maus momentos que passo com Naé e a ausência de Malvina na minha vida porém, as duas me enviam tais palavras boas e de Malvina me interessam muito mesmo. E eu não paro de escrever indiciando mais os costumes mais bons da vida:

> "Herodes não quis que Jesus nascesse. Apostou em matá-lo mas Deus triunfou às vicissitudes do mal. E porquê tú não podes vencer a vontade negativa que nos rodeia? Faça com que, enquanto amanhã soar o sino de Belém, soe também a força do meu amor por ti, num natal que trará alegria para nossas famílias."

A transferência de residência me cria muito nervosismo e trabalho quase interminável para além de procura de utensílios para a nova casa e por meio destas andanças, a mais querida do momento me coloca na cabeça expressões cada vez mais interessantes e que me criam muito humor nas primeiras horas da manhã mas nisso não aro de sofrer. Em chamada lamuriosa, Malvina me responde num tom alegre e diz: "levanta, é a hora de buscar alegria. Se algo entristeceu ontem, faça como o sol. Esquece das sombras da noite, e volta a brilhar." De acto ganho uma reabilitação moral e me meto em trabalhos contínuo.

À noite do natal, com família e vizinhos, com presentes e estórias e preencher o vazio que o calor cria nos corações, nada resta senão uma chamada que me faz. É para mim uma imensa felicidade pois penso que já faço parte de sua família ainda não acontecida. Todo barro está cantando e dançando de euforia que infectou a cidade, o país, a Humanidade Cristã toda apenas pela recordação do nascimento do filho unigénito de Deus. A euforia é tanta que aos poucos vai consumindo de labaredas, as ruas e os *becos* que pululam como linhas telefónicas sem sede de comunicações, isto é, aqui as rodas giram em torno desta minha tristeza que ainda está escondida no fundo do eu coração, nos anjos de Deus, nos defuntos vivos apenas na minha alma, no coração marchetado e não constrangido como eu, daquela menina que vai buscando inspiração indevida dos pensamentos exaustos e astutos dos familiares para me excluir da sua vida. Mas não me esqueço de ligar para saber como ela se encontra.

– *Amor, o que se passa? Quero falar contigo, o 'cell' chama e não atendes porquê? Já dormiste?*

Ao amanhecer me comove com palavras:

A saudade pergunta-me por ti

A solidão me pede calma;

A tristeza me aflige;

Mas a esperança me diz que um dia irei te ver de novo.

Tenha um bom dia

O dia correu tão bem que mantínhamos correspondência permanente mas nunca no foi possível qualquer encontro. Acordei de manhã cedo e fui trabalhar. À hora da volta me dá um sinal de vida mas devido a guerra de procura de transporte, me dou tempo apenas de ver donde e para onde vai o *chapa*. Após minha chegada a casa e depois de tanto teclar no teclado do meu *INSPIRON 1501*, é quando pego no celular e mando uma mensagem, correspondendo a sua correspondência quando não atendi, tendo enviado mensagem de questionamento sobre minha situação naquele momento.

– *Só agora é que durmo fofa, estava ainda a escrever.*

– *Eu já dormi e não consegui mais dar a continuidade.* – *volta Malvina a responder.*

– *Meu amor, será que ainda não é hora para nos aproximarmos mais e tentar ganhar mais tempo para nós mesmos?* – *pergunto desnorteado pela forma como ela me dirige palavras mas o objectivo real não existindo*

– *Amizade por enquanto.*

– *Não acredito no que lí. É verdade mesmo?*

– *É sim, amizade apenas.*

– Não acredito e nem quero acreditar. Eu te amo e quero te amar muito por toda vida. Diga que já és meu amor, por favor Vina. Diz logo: AMOR para sempre.

O mundo se transforma cada vez mais pequeno pois tantos planos que faço com ela, a prior são maravilhosos mas na hora da verdade, nenhuma realização acontece, simplesmente há tantas justificações que não chego a ter em mente o que significam. Não me dou tempo para ouvir todas palavras que me dirige porque só espero por qualquer dia receber um plano realizável entre nós dois e, quiçá com as duas famílias que não se conhecem mas eu sei e oiço falar de uma porção sua e ela sabe e conhece um pouco da minha. Incansado de tanto implorar, tenho na cabeça palavras choramingonas aguando meu papel e ecrã do celular. Cada dia escrevo mensagens electrónicas e manuais, sempre que me pede algo possível, faço mas...

– Meu amor, não sei o que posso falar por nós. A verdade é que estou muito fora de mim. Passou meu aniversário, veio o natal e hoje é último dia do ano. Planos feitos para todos esses dias não dão certo. Porquê Malvina? Será que não mereço partilhar contigo momentos tão especiais como estes. Malvina, eu gosto muito de ti. Dê-me uma chance por favor.

Só para não me sentir ofegando por tanto desespero prefiro brincar com legislação intimamente ligado às emoções amigáveis que pelo menos Malvina não me proíbe.

– Ao abrigo da lei da boa amizade e usando da faculdade que me é conferida, determino:
1. *Boas saídas e boas entradas!*
2. *Que o ano novo seja próspero e risonho;*
3. *Felicidades para si, familiares e amigos;*
4. *Que haja bastante paz, amor e que as novas descobertas sejam frutíferas e que ainda tragam mais-valias nesta árdua e espinhosa caminhada;*
Este despacho entra imediatamente em vigor.
Festas felizes!

Aos poucos vou me encontrando de volta para o interior de mim mesmo. Sinto que a auto-estima que nunca perdi pela carceragem que me circula no sangue, volta a tomar conta de mim mesmo apesar da ausência total da menina de que tanto sonhei e que carrego ainda no dorso mental a sua realeza que tanta sentença sabe ler, tudo por influências de quem não sente o tumor *mui* pesado que vive comigo no coração. De vez em quando ligamo-nos para dar novidades quentes e por vezes, tão frias que mesmo sendo verão, não sinto o calor suficiente para enfrentar a temperatura que o ambiente me oferece. Estou vazio de mim mesmo. Consumo o dilema do atraso nas minhas andanças que só Deus sabe o que fornecem a esta esfera ridicularizada. A compaixão não transcende o peso que se aconchegou nos meus ombros e que faz de mim uma pirralha, moribundo, desfalecido e uma náusea que só sacia as minhas tonturas sentidas por quem as deseja. Ninguém quer saber de mim. A for maior de que a Bíblia fala, não vive em mim só porque a desminagem desta terra, tão húmida que tanto apreciei para meu futuro alegre, não fora concluída e zás, caí na armadilha e nada me pode safar. As noites enchem de esquizofrenias inexistentes, sinto que minha boca sofreu o amparo desleixado pelas próprias minhas mãos – pernas que não conseguiram conter um só ponto de existência, galgando milhares de terra molhada e com húmus tão desejado, minha culposa voz que não soube conter palavras e encarcera-las num compartimento que este meu Jeová me deu para acalmar as tempestades da vida, este sabor amargo de que agora me delicio sempre que penso num amor tão desejado mas devido suco imortal, acabarei correndo aqui nestas paredes fedendo a antiguidade e a desmobilização efectiva da água.

Sinto pena dos até hoje sentem algo de importante por mim. Será que não vêm que estou na tumba esperando pela primeira pá com tantos quilos de areia para cobrir meu caixão? Voz que me assistis sentados na sombra desta mafureira, não sentem que minha voz se deixou tomar por anorexia aguda e que tanto prazer me dá? Vocês não sentem o fedor liberto pelas façanhadas estacas que dia a dia se corrompem e aleijam tentando enviar-se nestes buracos tão pouco vistos mas sempre desejados? Será que não sentem a necessidade de mudar a palavra e colocar um sentido menos amigo de mim e de outrem?

Só agora entendo que amigos não são. São palavras soltas e esfumadas nas panelas que *mamana* de capulana garrida na ponta invisível dos mamilos ou na base dos grandes seios, *mayo wangu* carregou *libumba* para que com suas mãos mestrias moldasse esse ser que sempre precisei para me alimentar; são *sithsua* quebrados quando a mãe precisa de pedra para moldar o betão forte para a nova representação de uma casa que vive mulher.

As noites vão passando como carros que galgam a grande avenida de Moçambique com os seus donos criando fortes manipulações para ganhar mais fãs e daí (?), rebentar a corta e cordão umbilical que me ligam as minhas origens. Me alegro porque ainda recebo elogios de tanto e, sem nenhuma remuneração lançar-me ao mundo turístico sem necessidade. Lá na tal comunidade virtual de amizades e parentesco universal lanço paisagens da minha orla primeira na terra, das primeiras margens que tive ao dar volta ao meu mundo exterior, ao passeio por vagens desfalecidas pelo conflito que varreu e vazou uma parte dessa minha alegria que nasceu e não a tive. Sou hoje uma marca que não tem patente, criada por homens que do nada abriram as portas do futuro e colocaram um batalhão não pequeno de descendentes e *póscendentes* para usufruir dos préstimos que deram aos antigos chefes da terra – que sabiam apenas mandar e nada fazer, talvez seja por isso esta minha preguiça escondida no peito chocado pela derrota nessa guerra que travo contra um inimigo que só conheço sua existência.

Nunca perco de vista nem pensamento o que sempre desejei, entre planos desfeitos e ainda a cozer, pelo telemóvel ou carta, à vista viva ou morta ou ainda mentira aos meus olhos, não deixo-me enfraquecido cabalmente. O que volta a roer estas duas ovais unidas e secanteadas pela estética que só os *designers* biólogos conhecem, é a falha criada por Vina sempre que tenta se escapulir de meus pedidos persistentes e quase forçados à sua realização. Vou tentando me contentar com palavras esquisitas que aos poucos ainda restam no meu dicionário que pedi que Deus me trouxesse neste cativeiro aonde me encontro.

Claro que encanto da vida depende unicamente do amor que cultivamos pois, Deus só dá vida, mas só uma pessoa pode dar mais paz e amor. Por tudo e todos momentos que acho interessantes, o que me alenta agora é saber que a meu lado tenho pessoas importantes – que me fizeram estar aqui – talvez sejam elas as culpadas por esta sentença mas, enquanto Malvina não dá branco nas esperanças que tenho, me contento pelo amor, paz, força e tamanha companhia que meus cúmplices me dão. Em trabalhos ou na brincadeira, vejo no meu ecrã a tua face transportada por "Malvina chamando" ou "nova mensagem – Malvina" e tudo acaba iludido dentro de meus olhos famintos de esperar o que já sei que não é meu e talvez nunca será; aqui transfiro o sentido das palavras e a mesma tela me diz "chamando Malvina". Quando não me sinto forte para lhe falar cabe-me a capacidade errada de mentir *"ligo-te já, estou fazendo um trabalho com mais velhos"* mas *"amor, se for um caso urgente pode enviar-me uma 'short mesage service'. Aguardo"*. Mas já prevejo as respostas: *"nada de especial, só queria te ouvir, estás bem?"* e como não quero me contristecer no momento só posso anular o sentimento forte e real de ouvi-la e toma-la na minha dianteira amorosa *"ah... está bem, vamos falar depois. Te ligo, está meu amor? Mas peço para me teres como teu amor, vamos ser NAMORADOS."*

Quando agora já ligo, o que escuto na linha é música colocada sei lá para quem mas que se torna escudo para ela não me ouvir. Chateio-me mas nada posso fazer nem a favor, pior a contra. Questiono com voz grave *"me fazes ouvir música porquê? Eu quero falar contigo"*.

Agora já nem música nem outra coisa e começo a ter pensamentos ruins acerca de mim e ela pois penso e sinto que o problema não é sua família. Ela não quer me dar uma *chance*. Vou sofrendo e chorando. Eu preciso viver com ela como minha esposa. Garanto muito amor, protecção, tanto respeito quanto for necessário. Imploro que me aceite pois, estou me sentindo um cadáver morrendo por sua negação, dúvida e silêncio. Por ela e o amor que nasceria, faria tudo que viesse a meu alcance. Sinto-me também desprezado e imploro para que tal não seja pois, sou um homem normal e capaz de tudo, apenas estou preso por ser um portador de HIV e isso não me proíbe de amar a Malvina.

Quando a noite cai, tenho esperança que amanhã virá um novo dia e talvez traga uma outra resposta na cabeça de Vina e que ela poderá amplificá-la e ouvi-la dizendo sim e ao acordar tento logo ligar mas ninguém atende. Para não constranger, faço-me de ter ouvido uma frase muda a dizer *"ainda estou a dormir"* e tomo uma decisão que redijo numa carta virtual para ela *"peço para me dares sinal quando acordares."* Mas nem isso acontece e o pior é que agora, muito tarde por ser já de tarde, ela diz que está nas lojas e peço que me passe de casa pois já conhece todas trilhas que se vagueiam para aqui chegar, aliás, deixou rastos imortais na primeira vez que aqui veio. Mas nem isso acontece e só me diz tudo e nada quando chega a casa. Quase a dormir me diz em surdina implícita nas palavras que leio no meu celular: *"Venho de longe guiado pela saudade, iluminado pelo amor, passei frio, fome e sede, atravessei rios e mares, entrei no teu telemóvel para te desejar boa noite".* Escuto essa voz esperando que me diga mais mas, o tom ficou totalmente inaudito que nada mais pôde fazer senão mandar meus ouvidos a boa distância com o auscultador. E eu prefiro dize-la que *Quem tem mais saudade sou eu amor.*

Mesmo quando adoeço não recebo a visitação que sempre esperei mas chamadas só tantas que não as sei contar. Será que espera por outra pessoa atender a dizer que morri? Sinto que não é nada disso pois Tranquila e Lecha me ligam dizendo que ela não está em casa, que está com colegas a se preparar para o exame e tantas outras desculpas para a irmã. Apesar de estar a dormir porque me sinto melhor, a outra parte da saúde e vida está com ela. Espero que venha me salvar. Quando me liga para saber mais detalhes, eu ignoro sua existência mas carrego uma dor que não passará de mim, é por isso que prefiro dizer: *"amor, não estou te desprezando. Estou me sentindo mal em todos domínios, ainda mais que não estou saudável. Ligo-te logo que me aliviar deste sofrimento, está meu amor? Me entenda, te amo tanto. Beijos (mim)*

Nessa mensagem está implícita minha dor de ela me colocar fora das suas cartas e ela apercebe-se não sei como e só, desabafando à distância responde:

– Olha, isso não me atinge, eu nem estou por aí, relaxa está bom?

Sinto-me cada vez mais distante de suas possibilidades de aceitação mas, será que tenho que lutar pela liberdade?

***

Me convidou a participar do baptismo da filha e *"já estou aqui dentro, e tu?"* Aqui estou eu querendo lançar mais minhas lanças que cupido me deu mas não consigo ver seu coração, talvez porque já ganhei segueira por querer ama-la tanto assim que não consigo mais tomar conta dos meus cinco sentidos. Sou uma perdição e monstro feito por amor que tanto bem-aventurei e coloquei no meu peito por três anos, todos transformados no fim, naquelas algemas que cobriram alguns milímetros de meus pulsos que agora me doem tanto e não há possível anti-todo ainda, mesmo com cientistas trabalhando arduamente para isso, aliás, os rios que correm e desaguam nos bolsos de alguns patrões da vida, criam mares inavegáveis aos técnicos e pesquisadores e modo que seus barcos e navios não consigam achar o baú que a vida de milhões de pessoas precisam para voltar a sonhar tanto quanto sonharam e brincaram antes. Eu não me sinto fora desta aldeia pois tenho muita informação e cuidados para me tornar ainda valente apesar da vingança que ganhei como *jackpot* de ter tido Naé como um amor que tudo dar-me-ia. Não sei se ela trata de si quanto eu faço com minha parte, caso não, se está apenas esperando por parte dessa chuva que não sei se cairá em seus átrios, menos tempo terá de pensar e organizar-se para o último sol que seu corpo passará, já imóvel e dentro daquela caixa que apesar e ser negociada, é um abismo tê-la em mãos dirigindo-a ao fundo das vozes que se cruzam na atmosfera escura. Um dia seremos defuntos mas a proximidade do dia cabe a cada um, em particular eu e ela.

Das vezes que não consigo entrar em todos meus aposentos, ela é minha armadura de consolo e me pede paciência pois a vida é feita de desfeitas e marcações que só o Homem pode transpor se estiver apto para viver este mundo que carrega sentimentos: emoções, euforias, paixões, amores, descalabros, decepções, depressões, esgotamentos, frustrações e a morte.

"Amor, tu estás guardada com todo orgulho dentro do meu peito. Um castelo imenso é o teu abrigo e eu me sinto o príncipe e ao mesmo tempo, sentinela para que de lá não saias e ninguém te encontre para te fazer mal algum.

Sinto o teu palpitar em cada segundo e vejo tua cara em toda pedaço desta prisão que piso. Te confesso: és minha doce amada. Te amo Malvina. Envio-te nesta mensagem um beijo que supera

*todos momentos mais felizes que já tiveste porque
eu te amarei e far-te-ei tão feliz e alegre. Bom dia.*"

Capítulo XIX – RECORDAÇÕES

O mundo não gostou de mim desde que nasci. Talvez tenha sido apenas minha mãe, pai e irmãos que ressuscitaram-me da cova a que já estava condenado a viver logo após alguns meses de minha vida. Sei que grandes *n'hangas* tentaram devolver-me a vida mas não conseguiram a seu belo prazer, o que apenas me libertou dessa tumba não conhecida foi a graça Divina.

Há só um Deus e um caminho, um só rebanho e um pastor, uma família e uma sociedade, uma mãe e um pai. Quem isto sabe, leva palavras bem ricas para seu dicionário eterno na vida. Quem me embalou com chagas incuráveis na cabeça, quem se entregou à decapitação, quem lutou com pé descalço e barriga faminta, quem lutou e despiu o que tinha: todos fizeram por e para mim. Quem eu sou hoje?

Cresci num mundo em que nada me dava valor nem pezar, senti que palavras não haviam, senão estilhaços esquecidos lá no ar por mortíferas ferras metálicas agarradas por homens avessos à paz e alegria, lançaram fogo e me devorou até a pele, lançaram pesos e destruíram minha família, cresci nu, comia a fome e *cagava* sofrimento, meu mijo eram lágrimas que sem força para subir as veias e sair pelos olhos, preferiam deslizar o meu leito e pudor e escaparem-se sem criar nem um lago para tirar o peixe que só conhecia com os velhos comerciantes desafiadores de carreiros e *budhulas* dos homens-artefactos bélicos e trazer em troca as moedas que meus pais eram incapazes de obter.

Fui conhecendo Macuácua com sua vareta que me fez marcas – raras vezes – que ao chegar em casa eram acrescentadas só porque nunca podia dar trabalho a ninguém para além de me apegar aos estudos. Coitado do cafezeiro que acabava seus raminhos empedaçados para colocar ordem aos pequenos malucos que nós éramos. Eu não ficava de trás mas nunca fui a razão. Cresci no mundo escolar sabendo que quem manda na escola era o professor, em casa era papai e mamãe, na rua e estrada era o carro, no caminho era o mais velho e na aldeia reinava a confusão que ninguém sabia porquê. Maninha me colocava o um mais um para que no dia seguinte conseguisse salvar a turma e assim eu fazia mas o dia de negligência sobrava num geral apanho de mais riscos que com o tempo desapareceram. Tive também *gimbanwuana* do meu actual matemático que não sei se ainda poder-me-á reconhecer a partir desta minha caligrafia escondida atrás da máquina de dactilografar e no computador ou máquina de imprensa.

Da cidade, pequena capital, também guardo recordações muito importantes na vida. É o senhor director. Será que com esta minha situação agora podes voltar a me receber e atender tanto quanto me fez na escola? Espero que sim, ainda mais agora que estou na sua área. Sinto que estou te seguindo nos serviços, mais perto e mais distante, você me acolheu e acho que acolher-me-á. Saí sem despedir a todos mas com o tempo foram sabendo que não estou.

As favelas que não existem na minha cidade e naquele campo que me viu nascer também se recordam de mim como ninguém me sabe hoje. Sou fama dos que me desejam e monstro aos que vêem minha cara como o fim de seus sonhos. Numa terra que ninguém me põe ao fim do olho, estou eu com todos planos anteriores construídos e refeitos nas frustrações que sofri ou fui apanhando na busca de uma vida melhor mas que me traz o fim dos dias.

Pela caminhada fui apanhando plantas e árvores conhecidas e sempre novas aos olhos, saí daí da cidade e deixei a maresia cheia das fraquinhas plantas só do mar e as redondezas das casas cheias de plantinhas só de beleza, muito menos cuidadas por mim mas sempre com o amor que até hoje alimento Na vontade de ser um agrónomo.

Conheci Landa trabalhando onde já fui aprendiz. Por tí coloco ainda minha mão a queimar na estaca da Suíça para que sua integridade seja possível atrás dos meus dias. Se eu continuar te alcançando de vista ou de audição, recorde-se dos planos que fizemos quando nos conhecemos aí em casa. Guardo sua vida junto a minha só para não me sentir só na fraqueza que já comecei a enfrentar. Aqui conheci muita gente linda e nunca familiar. De todas, me desliguei por falta de tudo o que queriam e do qual fui chamado atenção, desencanto amoroso e social, desencontro moral e falhas na prossecução de projectos gerais da vida.

Naquele dia que conheci Nitita ia a mais uma tarefa laboral e segui por aquele caminho que não conhecia e aos poucos fui galgando metros até que cruzei a menina alta, magrinha e pouco conversadora mas, aos meus poderes de fala, consegui abrir-lhe a boca e consegui colher seu ambiente controverso e intensamente coberto por limitações a todo tipo de liberdade. Mais tarde fomos nos conhecendo com mais firmeza e nos tornamos uma dupla bem vista e conhecida por gente gostante. Mas o tempo passou e não me deixou ao pé dela; sabem porquê? Apenas porque não quis e ainda não quero me procriar. Logo após mim, está aí com o filho desejado. Eu terei?

Não só, as feridas não serão curadas pelas falhas de hoje mas sim pelos erros que pensamos serem incorrigíveis enquanto sua força de libertação reside em nossas próprias mãos. Dizem os que já andaram muita quilometragem do mundo que *nyamba vbela gyô singita*. Será que vocês que me colocam na cova da minha impiedade e impureza são bons? Não quero passar esta fraqueza a todos viventes do mundo. Se já passei a alguém foi por lapso. Agora sei que um amor eterno para mim será uma luta perdida. Minha prisão não terá fim porém, peço que me deixem preso mas educando pois, sei que me colocaram aqui por toda vida. Na minha lamentação:

– *Peço uma janela para respirar o ar da natureza.*

Pois, volto a ligar à Malvina mas continua sem me atender, quando o faz, nada de melhor me diz senão *"espera, ainda não tenho desfecho do caso".* Até quando Vina, aguardo sua resposta. Eu te quero como esposa. Volto a ligar-te amanhã. Bom descanso!

***

Continuo essa caminhada que começou na *Giporo Gya Litigo* e vou galgando passeios desta cidade. Por entre carros guiados por odo tipo de mooristas, lá de longe vejo uma viatura galgando o passeio e minha direcção. Fico apavorado e no meio do grito alto, desperto de um sono com sonho triste que me colocou em dúvida: se isso é uma cadeia mesmo ou uma questão de pensamento nas pessoas... Sinto medo de voltar a dormir mas não sei se aqui termino de sonhar com horrores.

Pensem se mesmo havia grades naquele espaço onde me encontrava e que muitos consideram. Quando imagino, são mitos que levam a palavra aos demais e se esquecem deles mesmos. Uma palavra muito feia e bonita ao mesmo tempo, de acordo com quem a usa. E vejo na alma dos sofredores, afectados e infectados aliás, este soho me obrigou a pensar de mim e de ti: quel é o teu lugar no mundo? Maior cuidado somos chamados pois podemos pensar que alguém esteja na prisão, mas com saída enquanto nós estamos por trás das grades com cadeiados sem chaves. Funciona a cabeça e a decisão certas.

Não gostaria de voltar a sonhar mais assim.

FIM

Glossário

Apartheid regime de segregação racial que vigorava na África do Sul;

BO Brigada Operativa;

Borogodó(s) gíria popular significando órgão sexual masculino;

Cena acto ou facto (calão);

Chitimela comboio ou navio (dependendo do enquadramento);

Chitlango Khambane – nome tradicional de Dr. Eduardo Chivambo Mondlane;

Djecadores alcunha dada aos participantes de eventos sem convite;

Djone Johanesburg – África do Sul;

Driblar conduzir a bola; fazer jogadas (em calão);

dzilambiki designação de tubos usados como condutores de álcool na destilação de bebidas tradicionais (tom-tom-tom);

dzithsorohoro chagas;

Dzingalava barcos;

Dzinguluvi defuntos;

Dzisolo peças usadas para adivinhações por peritos tradicionais na matéria;

Fritado frito (em calão);

Gibobo palmatória;

Giniya   rede tradicional de pesca;

Guebas   palavra usada como diminutivo de Guebuza
                  durante os clamores de alegria e campanha
                  eleitoral dos simpatizantes desta figura;

Halakavuma

Hoyo-hoyo bem-vindo ou boas vindas;

Madjermane antigos trabalhadores da extinta RDA;

Kuphahla   adorar;

Linene   mar;

Lipitso   vareta usada para chicotear as crianças
                  quando cometem irreglaridades;

Litanga   vela (de barco);

Lobolo   casamento tradicional onde o noivo dá à
                  família da noiva presentes pela oferta desta
                  como sua mulher;

m'pawa ni rale   mandioca e farinha de mandioca;

m'phaso   pano ou algo usado para adoração tradicional
                  aos espíritos ;

macanhi   canhú;

Macute   folha de coqueiro;

madjoni-djoni   trabalhadores das minas da África do
                  Sul;

madota   anciãos;

maghodji   designação dada aos boers turistas em
                  Inhambane;

mamana   mãe;

mangungu   merenda;

Mapipa   pipas ou bilhas;

Masingalagadzi   anciãs;

Massinda   missangas;

Matsanga   nome atribuído aos homens armados da RENAMO durante a guerra dos 16 anos;

Mbenga   espécie de tigela usada para moer cereais na zona Sul do país;

mhamba-nkulo   grande cerimónia de veneração;

mpupu   farinha de milho;

mukherista   importadores informais de produtos da Africa do Sul;

muthxado ni lipango   casamento e lar;

n'hanga   curandeiro;

n'tamba   "tambeira";

ndumba   palhota construida para conservação dos instrumentos e bens do curandeiro;

Nduna   assistente directo do régulo;

Ndzavatado "fofocado";

Nganakanas porta-vozes dos régulos;

Ngondho   guerra (em xiSena);

Nyamakaze   reumatismo;

nyamba vbela gyô singita o que não acaba é mítico (ditado popular);

Nyamusoros curandeiros;

Nyangafula   pedra-de-raio ou aerólito;

Nyau   dança tradicional moçambiana;
Papo   conversa (calão);
Phahla-mhamba   adorar;
Phwani   praia;
Poringlês   Português + Inglês (adaptação);
Rale   farinha de mandioca;
Rave   estilo musical ou de dança;
Sathane   Satanás;
Sentadeiras   nádegas (gíria);
Sicolonyi   colonos;
Sikhwati   adegas;
Sipinhosa   espinhosa;
Sithsindro   pequenas moageiras usadas para a preparação
                 de farinha de mandioca;
Sivango   pequenos burracos abertos nos coqueiros para
                 que sirvam de escadaria para atingir a altura
                 da planta;
Sungukati   anciã (em ronga);
Sura   bebida alcoólica extraída do coqueiro;
Switereka   greves (em ronga);
Thsacanhane   espécie de peixe fino usado paa
                 preparo de molho;
Thumoni   no serviço;
Tindzava   fofocas (em ronga);

Tom-tom-tom   bebida   alcoólica   destilada
                  tradicionalmente a partir de frutos tais como
                  tangerina, ananás, cana, etc.;
Tsungo   branco ou patrão;
Valungu   brancos (em ronga);
Vbatonga   povos falantes de Gitonga;
Wucanhi   bebida produzida a partir de canhú;
Xicuembo   Deus (em ronga);
Xilalassani   bebida alcoólica tradicional preparada a partir
                  de ananás (em ronga);
Ximovana   bebida alcoólica tradicional preparada a partir
                  de cana (em ronga);
Xithsungulo   objecto que se ata na cintura como
                  protecção contra feiticeiros;
Zam-buk   creme que se aplica nos lábios para evitar a
                  dessecagem;
Zore   dança tradicional moçambicana praticada na
                  zona sul do país.